www.tredition.de

www.tredition.de

© 2018 Gary Ramm

Verlag und Druck: tredition GmbH, Halenreie 40-44, 22359 Hamburg
ISBN
Paperback: 978-3-7469-2181-5
Hardcover: 978-3-7469-2182-2
e-Book: 978-3-7469-2183-9

German Liebling

Die spannende Zeitzeugen -Story eines außergewöhnlichen Lebens

„German Liebling"

vom Kriegskind eines völlig zerstörten und

geächteten Deutschland

zum German Liebling

Krieg, Flucht, der Fall Berlins, Schule,
Bergwerk, Fernfahrer, Metzgerlehrling, Hafenarbeiter,
Kellner auf der Reeperbahn, Müllkutscher,
Zeitschriftenwerber,
und durch die bittere Nachkriegszeit bis 1954.

Meine ersten bleibenden Erinnerungen beginnen 1938,
ich war 4 Jahre alt. Unsere Wohnung, im 3. Stock in der
Potsdamer Strasse war voller festlich gekleideter Gäste
und es klirrten die Sektgläser. Man feierte und tanzte
nach Swing Musik und ich durfte ausnahmsweise länger
auf bleiben - ein gewisser Herr Hitler besuchte den uns
gegenüber liegenden Berliner Sportpalast um eine Rede
zu halten. Stolz wurde ich unseren Gästen vorgestellt -
plötzlich helle Aufregung, jeder rannte auf die Balkons.

Vater schnappte mich und hob mich hoch. Die Straße so weit man sehen konnte voller jubelnder Menschen. In der Mitte eine Kolonne großer Mercedes Cabriolets. Die Hölle war los, nur ich war anschließend als Einziger richtig traurig, da ich den Heil Hitler nicht gesehen habe. - Dann durfte ich endlich ins Bett zu meiner heiß geliebten Nana. Sie drückte mich jedesmal fest an ihren wunderschönen, weichen, großen Busen. Ich kuschelte gerne mit ihr und sie blieb immer so lange bis ich eingeschlafen war. Schon von Klein auf brachte Mutter mir bei, Damen gegenüber immer höflich und zuvorkommend zu sein und aus meiner kindlichen Faszination entwickelte sich wohl später die Leidenschaft für das weibliche Geschlecht. Nicht vergessen die Qual, als man mir meine langen blonden Locken abschnitt, da ich ja nun bald in die Jungenschule sollte. Ich trug einen hübschen Matrosen - anzug, der damals große Mode war und dieser passe nicht zu einem Jungen mit langen Locken. Ich weinte bitterlich, dazu kam dann auch noch, dass plötzlich mein heiß geliebtes Kindermädchen nicht mehr da war, einfach weg - eine Katastrophe. 1939 zogen wir in die Fasanenstraße 16, direkt neben dem Hotel Kempinski. Gegenüber stand eine große alte ausgebrannte Synagoge mit 3 großen Kuppeln. - Bald darauf wurde ich in der Volksschule Joachimstaler Straße eingeschult. Ein großer dunkler, roter Backsteinbau, später eines der wenigen Häuser, die den Krieg unversehrt überstanden hatten.

Anlässlich des Sieges über Frankreich, ich war sieben Jahre alt, machte ich das erste Mal ohne Erlaubnis mit meinem neuen Tretroller einen weiten Ausflug, praktisch vom Ku'Damm bis zur damaligen Ost - West- Achse, der Sieges Allee. Als ich nach einer Ewigkeit abends nach Hause kam, meine Eltern waren in großer Sorge, setzte es ein paar Gehörige hinter die Löffel.

In der Schule wurden wir von der Sütterlin Schrift auf lateinische Buchstaben umgestellt und bald hatte ich meine ersten Freunde. Meistens trieben wir uns in der Nähe des Zoologischen Gartens herum und wir liebten die schönen, großen Sandberge in denen man so herrlich spielen konnte, hier wurde der große ZOO Bunker mit seinen vier Flaktürmen gebaut. Nach dem Krieg wurde er gesprengt. und wurde zum „Mount Klamot".

Ab und zu bekam ich von meiner Mutter ein paar Groschen, um mir nach der Schule für 0,20 Pfennig bei „Aschinger" eine leckere Erbsensuppe zu kaufen, der Clou, dazu konnte man so viele kleine Schrippen nehmen wie man wollte. Die Leute steckten sich damit die Taschen voll. Der Werbe Slogan hieß: „Wer keenen Bauch hat, kann eenen kriegen und wer eenen hat, kann ihn noch größer machen". Eine gute Werbung während des Krieges. Ja, es gab schon ein Zeitalter vor McDonald's und Wiener Wald. Vater meinte, dieses Mal werden wir durch Flugzeuge einen schlimmen Bombenkrieg bekommen. Nicht lange und meine Eltern beschlossen mich aufs Land, in eine kleine Internatsschule in der Rhön zu schicken, fernab vom Krieg. Vater kannte sich in der Politik aus, er hatte vorausahnend einen Verdunkelung betrieb gegründet und stellte auch Sonnenschutz Rollos her. Nach und nach beschäftigte er ca. 200 Monteure. Er verdunkelte u.a. die Messerschmitt Flugzeugwerke in Dessau. Da er dadurch in der zivilen Verteidigung tätig war, wurde er vom Führer UK gestellt.

Mein Ort in der Rhön hieß Silges, in der Nähe von Hünfeld, ein kleines verträumtes Dorf mit 42 Häusern. Hier, weit weg vom Krieg landete ich bei einer Familie Sikulla. Herr Sikulla war gleichzeitig Bürgermeister, Ortsgruppenleiter und Lehrer. Er betrieb eine kleine Internats - schule für Jungen in meinem Alter. Wir waren zu zehnt und schliefen in einem großen Wohnsaal. In Silges verbrachte ich drei lange, glückliche Jahre, die schönsten meiner Kindheit. Aus dieser Zeit stammt auch meine Liebe zur Natur und zum Sport. Mein erster großer Freund hieß Jean, er war französischer Kriegsgefangener und sprach gut Deutsch. Jean arbeitete nebenan beim größten Bauern im Dorf. Er zeigte mir viele nützliche Dinge. Wir Jungen lernten jetzt das Gänsehüten, Unkraut zu jäten, Obst zu ernten und das Heu zu wenden. Ich begann Sport zu treiben, übte mich im Hürdenlauf, im Hoch - und Weitsprung, doch am liebsten spielte ich mit den anderen Schlag- oder Völkerball. -

In großer Höhe überflogen uns nun immer öfter die ersten

großen amerikanischen Bomberverbände, aufgeregt zählten wir jedesmal die Maschinen und staunten über die langen weißen Kondensstreifen. Die Klasse musste nun Tag für Tag heraus, um rund ums Dorf auf den Feldern und Wiesen hauchdünne Staniol - Streifen zu sammeln, die von den feindlichen Flugzeugen abgeworfen worden. Sikulla erklärte uns, dass diese die Flugabwehr irritieren sollen. Bald kam noch eine Kartoffelkäfer Plage dazu und man sagte: „Die werfen unsere Feinde ab, um unsere Kartoffelernte zu vernichten." Wir haben es damals natürlich geglaubt. - Den ganzen Sommer lang waren wir, der „Pimpf Nachwuchs", nach dem Unterricht bis zur Dämmerung immer voll damit beschäftigt, das Land entweder von den Staniol Streifen oder den Kartof - felkäfern zu befreien. Sonst sammelten wir Brennnesseln, Löwenzahn, Schafgarben, Breit- und Spitzwegerich, Ebereschen oder Holunder, am meisten jedoch, freuten wir uns auf die Wochenenden. Mit Vesperbrot und Feldflaschen bewaffnet, die mit kaltem Pfefferminztee gefüllt waren, zogen wir los, um eimerweise Pilze oder Heidelbeeren zu sammeln. Bald durfte ich oben vorm Wald auf den davor liegenden Wiesen und Feldern unsere 50 Gänse hüten. Ich liebte diese „Arbeit". Ein herrliches Unternehmen an heißen

Sommertagen mit den Gänsen, barfuß über frisch gemähte Kornfelder zu laufen. Wenn es besonders heiß war und der Kropf meiner Gänse bis oben angeschwollen war, setzte ich mich am Feldrain in den Schatten eines Baumes oder an den kühlen Waldrand, blickte auf das unten im Tal geduckt liegende Dorf und träumte von Berlin und meinen Eltern. Es gab nichts schöneres, als an den heißen Sommertagen den streichelnden, kühlen Windhauch zu spüren und der stillen Sprache der große Wälder zu lauschen. Eines Tages helle Aufregung. Ein amerikanischer Bomber war abgeschossen worden und man hatte Fallschirme gesehen. Man wusste nicht, ob es Überlebende gab. Da keiner von uns sieben- bis neunjährigen Jungen es erwarten konnte, endlich ein richtiger Pimpf zu werden, kam nun die große Chance sich auszuzeichnen. Wir erhielten den Auftrag rund ums Dorf alles Verdächtige sofort zu melden. 2 Tage später, an einem dieser heißen Sommertage, hütete ich wie immer meine Gänse. Dieses Mal trieb ich sie an den Rand eines noch nicht gemähten Haferfeldes und mit solch' einem verbotenen Ausflug schwollen die Kröpfe natürlich besonders schnell an.

Zufrieden setzte ich mich am Wegrand in den Schatten eines Ebereschen Baumes. Kein Wölkchen trübte den Himmel. Plötzlich aufgeschreckt durch Gänsegeschnatter und das Knacken von Ästen sehe ich keine 10 Meter hinter mir am Waldrand einen verwundeten Piloten in einer blutverschmierten, zerfetzten Uniform, ein Arm schlaff herunter hängend. Ich erstarkte zur Salzsäule, die Angst packte mich. Ein Amerikaner ? Ein Pilot ? - Er winkte mir mit schmerzverzerrtem Gesicht mit dem gesunden Arm zu und gab mir zu verstehen, dass er großen Durst hatte. Mutig näherte ich mich und reichte dem Unglücklichen meine Feldflasche, gleichzeitig deutete ich, dass ich runter ins Dorf renne um Hilfe zu holen, aber wiederkomme. Ich scheuchte meine Gänse auf und rannte was das Zeug hielt. Sofort überholten mich laut schnatternd die durstigen Gänse in der Luft um an den Dorfteich zu fliegen. Sikulla und die Jungs waren nicht da, keiner war da, also ich rüber zum Bauernhof, zu Jean. Japsend erklärte ich die Situation, als auch schon Bäuerin kam. Man überlegte nicht lange und spannte an. Oben angekommen halfen wir dem Verwundeten vorsichtig auf den Leiterwagen und fuhren ihn ganz langsam hinunter zum Hof. Jean konnte sich mit dem schwer verwundeten Piloten unterhalten und erklärte uns, das er ein amerikanischer Flieger sei. Man sah, daß er große Schmerzen hatte und das Geholper des Fuhrwerks ließ ihn pausenlos aufstöhnen. Außer ihn zu berühren, um ihn zu trösten, konnte ich nichts tun. Endlich auf dem Hof angekommen, brachten wir den Verwundeten ins Haus und legten ihn auf ein

Bett. Jean holte Wasser und die Bäuerin begann den Armen zu versorgen. Mich lächelte er dankbar an, wobei er mir ein Auge zukniff um sich zu bedanken. - Mittlerweile trudelten die Jungs ein und auch Sikulla kam dazu. Die Sensation sprach sich schnell im Dorf herum und der kleine Gerd aus Berlin war der Held. Einen Tag darauf wurde der Verwundete von drei Soldaten, die aus dem 7 Km entfernten Hünfeld kamen, offiziell gefangen genommen und in einem Militär Rotkreuzwagen in ein Lazarett gebracht. In unserem Dorf gab es nämlich kein Militär und die Gefangenen, die als Helfer auf den verschiedenen Höfen arbeiteten, waren sämtlich unbewacht und frei - für sie war der Krieg schon lange vorbei. Die Bomber flogen nun Tag und Nacht über uns hinweg und eines Nachts erwischte es Kassel, keiner von uns schlief und in der Ferne war der Himmel von dem schweren Angriff bis zum beginnenden Morgen blutrot gefärbt. Der Krieg kam immer näher. Einen Kilometer vom Dorf entfernt lag Rimmels, dann kann Morles und anschließend Hofaschen bach, dahinter ein großer Bergkegel, die Milseburg und zur Wasserkuppe, berühmt durch die Segelflieger, war es dann nicht mehr weit, wie Sikulla uns erzählte. Einmal im Monat durfte ich nun nach dem 7 km entfernten Hünfeld um fürs Internat Besorgungen zu machen. Sikulla erklärte mir, dass jeder Pimpf diese Strecke in 1 Stunde schafft, so lernte ich, vom Ehrgeiz getrieben, mit meinen noch zu kurzen Beinchen sehr früh Gewaltmärsche zu machen. Öfter wurden wir jetzt nach und nach über den Stand des Krieges unterrichtet. Rommel hatte Afrika verloren, die Alliierten waren auf Sizilien gelandet, der Duce wurde von Fallschirmjägern unter Leitung eines Obersten

Skorzeny befreit und dann kam der Januar 1943/44 mit dem Verlust der gesamten sechsten Armee in Stalingrad. Anschließend dann im Sommer das Attentat auf den größten „Kriegsherren aller Zeiten", wie Sikulla sagte.- Bald darauf wurde Sikulla verhaftet und mein Vater holte mich nach Berlin zurück.

Meine Eltern waren geschieden, Mutter hatte wieder geheiratet und lebte jetzt in Schlesien. In der Fasanen Straße wurden fast allabendlich große Feste gefeiert, immer öfters vom Fliegeralarm unterbrochen, dann ging es mit viel Alkohol runter in den Keller. Damals hieß Vaters Parole: „Genießet den Krieg, denn der Frieden wird fürchterlich". Vater war einer der wenigen Männer, die nicht eingezogen waren. Ich glaube, er kannte alle schönen Frauen Berlins. Seine Favoritin, eine junge hübsche Sängerin, Ilse Werner, ich erinnere mich noch ganz genau. Fast jeden Abend nach der Vorstellung kam das gesamte Ensemble der Skala vom Nollendorfplatz zu uns, man kam um sich durchzufuttern, denn bei uns gab es alles im Überfluss. Am liebsten hatte ich die Ballettmädchen, eine Blonde erinnerte mich sofort an mein heiß geliebtes, verlorenes Kindermädchen, meine Nana und ich machte ihr einen Heiratsantrag. Sie schloß mich fest in ihre Arme, drückte meinen Kopf an ihrem schönen Busen und küßte mich. Jeder klatschte und Conny Friedländer, ein Freund meines Vaters meinte: „Der Apfel fällt nicht weit vom Stamm." Alle lachten, daran erinnere ich mich als wäre es gestern gewesen.

Conny Friedländer war einer der drei Freunde meines Vaters die er rettete. Vater nahm mich nun jeden Tag mit ins Büro, dass zwischen Hausvogtei Platz und dem Spittelmarkt lag. Vom Fenster aus konnte man gegenüber die Reichsbank sehen, was sehr beruhigend war, denn die Bank hatte einen bombensicheren Tiefbunker.

Vater fuhr einen schönen, großen, dunkelblauen Wanderer Cabriolet mit gelben Verdeck, die Scheinwerfer waren, wie bei allen Autos damals, vorne dunkel zugeklebt mit kleinen, zentimetergroßen Schlitzen, es herrschte ja Verdunkelungszwang. Auf unseren täglichen Fahrten lernte ich das Brandenburger Tor, die Siegessäule, Wertheim in der Leipziger Straße, den Spittelmarkt und die Wilhelm Strasse mit der Reichskanzlei kennen. Eines Tages ging für mich ein Traum in Erfüllung. Vati nahm mich mit in die Reichskanzlei. Er hatte einen Termin.

Den Heil Hitler habe ich aber wieder nicht gesehen. In meiner Erinnerung blieben die großen, hohen Hallen, die blanken Marmorböden und die vielen enorm hohen Marmorsäulen und Türen, rechts und links bewacht von Soldaten mit dunklen Stahlhelmen, in schwarzen Uniformen, mit weißen Handschuhen und präsentiertem Gewehr. Von der Wilhelm Strasse bis zum Brandenburger Tor und der Siegessäule war der gesamte Tiergarten, auch die Straße Unter den Linden mit Tarnnetzen überspannt. - Es sei um die Bomber in die Irre zu führen, damit man aus der Luft die Reichskanzlei nicht findet, erklärte mir Vater.

Zu Hause in der Fasanenstraße war Vater Luftschutzwart. Er besorgte mir einen kleinen italienischen Stahlhelm und eine ganz tolle Staubbrille gegen den Rauch und Funkenflug. Ich schnallte die Brille immer um den Stahlhelm wie sie unser Generalfeldmarschall Rommel trug und war stolz wie ein Ritterkreuz Träger. - Unglaublich, ja so war das damals.

Immer nach den Tagesluftangriffen hatte Vater draußen die Bombenschäden festzustellen und ich durfte ihn oft dabei begleiten. Ich sammelte jedesmal Bomben- und Granatsplitter, bald hatte ich davon eine Kollektion in allen Größen. Einmal durfte ich sogar eine Stabbrand - bombe löschen, die bei uns im Treppenhaus einge - schlagen war. Auf jeder Etage unseres Hauses standen 3-4 Eimer oder Kisten mit Sand gefüllt gegen Phosphor - bomben, denn Phosphor konnte man nur mit Sand löschen. Alles war für mich wie ein großes Abenteuer, ungeheuer spannend. Doch bald schon regten sich die Leute im Haus lautstark auf, mich Neunjährigen solchen Gefahren auszusetzen. Vater bekam wohl ein schlechtes Gewissen und schickte mich kurzerhand aufs Land zu einer Freundin nach Hangelsberg, dass außerhalb Berlins in Richtung Fürstenwalde liegt. Man fuhr mit der S-Bahn vom Bahnhof Zoo nach Grünau und dann noch ein paar Stationen mit dem Dampfzug. Hier gab es wieder meine geliebten großen Wälder und ich verbrachte die Zeit damit, Steinpilze und Beeren zu sammeln. Eines Tages eine Fliegeralarm Vorwarnung. Man war sich der Sache wohl nicht ganz sicher, weil der Anflug eines extrem großen amerikanischer Bomberverbandes weit im Osten stattfand. Man glaubte, das Ziel heißt Danzig oder Königsberg. Plötzlich jedoch machte er einem unver - hofften Schwenk nach Westen und befand sich im Anflug auf Berlin. Vom Osten her kommend, das war neu! - Man hörte tiefes Brummen und ich zählte in großer Höhe endlose 12 Wellen von je 100 B 24 Bombern. Es war ungeheuer spannend und aufregend, bis ich in der Ferne über Berlin ganz genau die einzelnen Bombenteppiche fallen sah. Irre vor Angst und Panik stieg in mir auf. Ich dachte nur noch an unser zu Hause und an meinen Vater. Hals über Kopf riß ich aus und fuhr ohne Fahrkarte mit dem nächsten Zug nach Berlin. Bis zur Endstation Grünau ging alles gut, aber von dort fuhr die S - Bahn nur noch bis zum Ostkreuz, von da an war alles zerbombt. Ohne lange nachzudenken lief ich immer am Bahndamm entlang Richtung Innenstadt. Am Bahndamm entlang musste ich ja zum Bahnhof Zoo kommen. - Der Rauch wurde immer dichter, überall brennende Häuser, ganze Häuserfassaden stürzten auf die Straßen und machten diese unpassierbar. Menschen irrten verschreckt in diesem Inferno herum, überall Leichen. Mit brennenden, tränenden Augen, dem Ersticken nahe, heulend, die kurzen Hosen und mein ärmelloser Pullunder voller

Brandlöcher. Mit angesengten Haaren und mehr und mehr von Panik getrieben, fand ich mich nach langen Stunden, völlig entkräftet in einem Meer von Funkenflug, orientierungslos in der Leipziger Straße wieder. Nicht weit von mir brannte das Kaufhaus Wertheim lichterloh und stürzte in sich zusammen. Vielleicht war Vater ja während des Angriffs im Büro gewesen, von dort zum Bunker unter der Reichsbank waren es doch nur ein paar Schritte? - Kein Durchkommen mehr, den Spittelmarkt und die Reichsbank fand ich auch nicht. Ich war völlig verloren und konnte kaum noch atmen. In diesem Inferno und Funkenflug hatte ich vollends die Orientierung verloren. Völlig entkräftet, unfähig auch nur noch einen einzigen Schritt zu machen und nach Atem ringend setzte ich mich mit brennenden Augen auf einen entwurzelten Baumstamm. Rund herum eine einzige Feuersbrunst. Mitten am Tag war es finstere Nacht, nur erhellt durch die Flammen; vor lauter dunklem Rauch und Funkenflug sah man den Himmel nicht mehr. Irgendwann fand mich ein Soldat als halb totes, heulendes Bündel. Er gab mir aus seiner Feldflasche zu trinken und schleppte mich schließ - lich zum Brandenburger Tor. Hier versicherte ich ihm hoch und heilig, dass ich durch die Autofahrten mit meinem Vater den Weg nach Hause kannte. Zuerst zur Siegessäule, dann zum Bahnhof Tiergarten und dann wieder am S - Bahn - Bogen entlang zum Ku'damm. Es war noch verdammt weit, aber ich hatte ja in der Rhön

17

Gewaltmärsche trainiert. Völlig erschöpft, angesengt, mit Blasen an Füßen und Händen, kam ich schließlich spät nachts in der Fasanenstraße 16 an. Von der Kant Strasse aus kommend, in die Fasanen Strasse einbiegend, sah ich als erstes, dass sämtliche Häuser standen! Ich zog mich langsam am Treppengeländer in den zweiten Stock hoch, klingelte Sturm und mein Vater traute seinen Augen nicht.

Ein paar Tagen später setzte er mich schließlich in einen Zug, um mich nach Schlesien zu meiner Mutter zu schicken, weit weg aus der Gefahrenzone.

Ich bekam ein Schild mit der Adresse umgehängt. In Breslau hieß es für mich in den Zug nach dem etwa 30 Km entfernten Obernigk umsteigen. Mutter holte mich vom Bahnhof mit einem kleinen DKW Reichsklasse ab. Sie hatte einen begüterten Rechtsanwalt und Offizier geheiratet, einen Rittmeister a. D. aus dem Ersten Weltkrieg. Leider war er aber schon einen Jahr nach der Hochzeit 1943 bei einem Partisanenüberfall in Russland gefallen. Mutti lebte mit meinen neuen Großeltern in einer schönen großen Villa, umgeben von einem Park. Es gab einen Gärtner, eine Köchin, einige andere Bedienstete und ein Faktotum namens Kika. Sie diente der Familie schon seit ihrem 16. Lebensjahr und kam aus Annaberg in Ober - schlesien. Die Auffahrt der Villa war links und rechts gerahmt durch Rhododendron Hecken. Heute soll die Villa in der Trebnitzer Strasse eine polnische Kinderklinik beherbergen. Mutti überraschte mich mit zwei kleinen

Brüdern, zwei und drei Jahre alt. Muttis Schwiegereltern durfte ich Opa und Oma nennen und waren sehr feine, vornehme alte Leute. Der alte Herr war Oberlandesgerichts Präsident von Schlesien gewesen, und zuletzt im Repräsentantenausschusses von Giesches Erben. Zu v. Giesche gehörten sämtliche Hüttenwerke und Kohlengruben Oberschlesiens, die sämtlich enteignet wurden und heute polnisch sind wie Schlesien auch. Die damalige Reichsbahn fuhr ausnahmslos mit Kohle aus Oberschlesien. Obernigk war, ein hübscher Luftkurort, hatte einen zoologischen Garten und es gab ein großes Schwimmbad, in dem ich mir selber das Schwimmen beibrachte. Ein zukünftiger Pimpf, der nicht schwimmen konnte, undenkbar! - Mutter war mit einer Familie Dr. Sprengel befreundet, die nebenan ein großes Sanatorium besaßen, dass auch in einer wunderschönen Parkanlage lag.

Zweckentfremdet, war es nun überfüllt mit Verwundeten. Mit den Sprengel Kindern sammelte ich Kastanien und Eicheln, die wir dann an den Zoo verkaufen, um unser Taschengeld aufzubessern. Es dauerte nicht lange, bis seine Exzellenz, der alte Präsident, meine Tischmanieren kritisierte und sagte, ich habe eine Haltung wie ein Flitzebogen. Das höre ich noch wie heute. Von nun an musste ich Morgens und Abends je 1 Stunde, mit einem Spazierstock hinter dem Rücken durch die Arme gesteckt, im Park meine Runden drehen; schon nach kurzer Zeit lief ich gerade wie ein Zinnsoldat. Preußische Erziehung! Ich lernte Danke und Bitte zu sagen und bei Tisch die Regeln einzuhalten und artig wie es sich gehört hinter meinem Stuhl zu warten, bis der Reihe nach Großmutter, dann seine Exzellenz, dann Mutter sich gesetzt hatten. Ich wurde ein Musterschüler und Mutter war stolz auf mich. Ich wollte unbedingt zum Jungvolk, aber Großvater und auch Mutter verboten es strikt. Da ich nun schon 10 Jahre alt wurde kam ich aufs Gymnasium nach Trebnitz, die nächste Kleinstadt, etwa 10 Km entfernt. Anstatt des Unterrichts wurden bald tagtäglich die gesamte Schule und sämtliche Einwohner der Stadt zum Ausheben von Panzer- und Schützengräben eingesetzt, für mich ein neues Abenteuer. Dann starb plötzlich der alte Herr und die Beerdigung hatte natürlich Vorrang, so ging bald der bittere Kelch der Schule, bzw. des Arbeitsdienst Einsatzes, eine Verteidigungslinie mit aufzubauen, an mir vorbei. Eine unglaubliche Hektik begann. Trauergäste kamen aus ganz Deutschland angereist. Eine große Beerdigung kündigte sich an. Am Tag der Beerdigung standen auf beiden Seiten der Trebnitzer Strasse Richtung Friedhof die Knappschaft - Abgesandten in ihren schwarzen Uniformen. Jede Abordnung mit verschieden farbigen Federbüschen auf den Helmen, rot, weiß, blau. Die Herren mit Zylinder, viele Offiziere in ihren ordengeschmückten Uniformen. Ich glaube, ganz Obernigk war auf den Beinen. Viele Familienangehörige waren aus ganz Deutschland angereist. Eine endlos lange

Prozession ging hinter dem mit Blumen geschmückten Sarg einher, der auf einer von 4 Rappen gezogenen Lafette stand. Vorne vor dem Sarg lag ein blaues, samtenes Ordenskissen des alten Herrn. Mutter erklärte mir später stolz, ihr Schwiegervater sei ein enger Freund Stresemanns und Graf von Coudenhove-Kalergi's gewesen. Später erhielt er 1925 anlässlich des Vertrages von Locarno das Friedens Pour le Merit und war zusammen mit Stresemann 1926 bei der Aufnahme Deutschlands in den Völkerbund beteiligt.„Er hatte noch, die wunderbare 24 jährige Kaiserzeit bis zum ersten Weltkrieg in Deutschland erlebt, in der wir zur führenden Wissen - schaft- Kultur- und Industrienation in Europa wurden und nun sei endgültig alles aus und Deutschland am Ende", schluchzte Mutter unter Tränen. In meiner Erinnerung steht ein Satz meiner Mutter, dass sie sich sehnlichst wünsche, dass wir Jungs in die Fußstapfen des alten Herrn treten, um dafür zu sorgen, dass es nie wieder Krieg geben möge, sollten wir das 1000 jähriges Reich überleben, fügte sie bitter hinzu. Damals nahm ich mir fest vor, später Jura zu studieren.

Aus heutiger Sicht ist der Aufstieg der Person Hitler kaum zu verstehen. Das Friedensdiktat von Versailles hin oder her, es würde jetzt zu weit gehen wieder alles durchzukauen. Einfach googeln: Friedensvertrag von Versailles !

Der österreichische Gefreite aus Braunau, der nicht

einmal einen ordentlichen Waffenrock trug, sondern in einer braunen Phantasie Uniform auftrat mit einer Armbinde auf der ein indisches Glückssymbol abgebildet war und sich nur durch Schimpftiraden auszeichnete, der schließlich im Zuchthaus landete, indem er sein Pamphlet „Mein Kampf " schrieb, da konnte ja jeder vorher lesen was er vorhatte. Unverständlich, dass man ihn trotzdem zum Reichskanzler machte. Nachdem er nun sämtliche Gebiete, die das Reich durch das Friedensdiktat verloren hatte, zurückgeholt hatte, spätestens da hätte man ihn stoppen müssen, aber da hatten die Deutschen schon völlig ihren Verstand verloren und sahen in ihm den großen Heilsbringer.

Selbst die Eliteschaft des Militärs ließ sich begeistern, bis sie schließlich merkten, was los war, war es zu spät.

Der Fluch der Geschichte allerdings begann schon mit

1. Weltkrieg

1.) Nach dem Attentat von Sarajevo stellt Kaiser Wilhelm den Österreichern einen Blankoscheck aus, wohl wissend, dass ihm bei einer österreichischen Strafaktion gegen die Serben, die Russen den Krieg erklären würden. Mit Otto v. Bismarck hätte es diesen Blankoscheck sicher nicht gegeben, aber der Kaiser hatte ja v. Bismarck schon lange vorher entlassen, weil er unter Otto v. Bismarck nicht regieren wollte! Der Kaiser hatte schon eine große Flotte aufgebaut, verkündete Preussens Zukunft läge auf dem Meer und das wir goldenen Zeiten entgegen gingen. Er liebte das „Schinderassa Bumm Bumm, Preussens Glanz und Gloria". Noch ein Jahr vor Kriegsausbruch 1914 traf man sich noch zu einer großen Hochzeit, einem Familientreffen, in Berlin. Der Zar, das englische Königshaus, damals Gotha - Sachsen, daß sich während des Krieges dann auf den Namen Windsor umtaufte, waren zudem mit Wilhelm verwandt. Dazu kam, dass sich das enorm überschätzende Militär dem Kaiser mehr und mehr das Heft aus der Hand nahm.

2.) Die dann während des Krieges von Preussens Militär arrangierte Durchreise Lenins nach Russland, um eine Revolution anzuzetteln und dadurch die russische Front zu schwächen, war ein bitterer Fehler. Spätestens nach dem Kriegseintritt der USA mussten die preussischen Militärs wissen, dass der Krieg gegen die ganze Welt nicht mehr zu gewinnen war. Das traurige Ergebnis, die angezettelte Oktober Revolution der Bolschewiki, die dann den Zar meuchelten und der sich anschließend nach dem verlorenen Krieg nach Deutschland und Europa aus - breitende Kommunismus. Ohne diesen von Lenin und Stalin nach Deutschland exportierten Kommunismus mit der Aufgabe Karl Liebknechts und Thälmanns in Deutsch land eine Räterepublik aus zurufen, was sie Stunden nach dem Sozialisten Scheidemann auch taten, hätte es keinen

Hitler gegeben behaupte ich mal.

3.) Der verlorene Krieg und dem daraus folgenden Versailler Friedensdiktat, welches hauptsächlich von den Franzosen diktiert wurde. Viele internationale Stimmen im Westen und in den USA warnten schon damals, daß dieses Diktat schon den Keim für einen zukünftigen Krieg in sich trägt!

Fazit: Ohne dem Versailler Friedensdiktat, dem nach 1919 rasend schnell expandierenden Kommunismus, der Massenarbeitslosigkeit und der Inflation hätte es der bömische Gefreiter Hitler, wie ihn der damals schon greise Hindenburg nannte, bestimmt nicht geschafft! Es wurde ein Kampf Rechts gegen Links und in Berlin und München herrschten bald bürgerkriegsähnliche Zustände. Jeder sollte die Geschichte kennen, denn sonst wird er auch die Zukunft nicht erahnen können, sondern die Geschichte nochmal durchleben. Nachdem nun dieser falsche Prophet Hitler langsam die Büchse der Pandora wieder aufmachte, begann das Verhängnis, dass die Deutschen wiedermal an den Rand ihrer Existenz brachten. Niemals in der neueren Geschichte hat eine Kulturnation durch Kriege so viele Menschen und Güter verloren und niemals war ein Land dermaßen gedemütigt, zerstört und anschließend ausgeraubt worden, wie dieses nun am Boden liegende große Deutschland im Herzen

Europas. Das Land der Nobelpreisträger, Erfinder, Dichter und Denker. Deutschland erhielt die Höchststrafe - Deutschland verlor dieses Mal zur Strafe ein Viertel seines Landes im Osten! Den Rest stückelte man in 4 Besatzungszonen auf, worunter das östlich der Elbe liegende ehemalige Mitteldeutschland noch heute leidet und sich erst 20 Jahre nach der Wiedervereinigung langsam erholt hat. Der eigentliche Osten Deutschlands ist heute polnisch und russisch. - Der 1. und 2. Weltkrieg warfen die Deutschen mehr als 200 Jahre zurück. Selber Schuld! Man muss sich vorstellen die Abermillionen Soldaten wären nicht gefallen. Dazu kommt die große Anzahl der Zivilbevölkerung, die durch den Bombenkrieg umgekommen ist und die im 2. Weltkrieg fast komplette Zerstörung aller großen Städte, und letztendlich der Irrsinn der Vertreibung der deutschen Juden, die eine reine Selbstamputation war, ganz zu Schweigen vom unend-lichen Leid, das die beiden Kriege der Welt zugefügt haben. Deutschland hätte heute sicher über 200 Mio. Einwohner und wäre heute eine genau so große Wirtschaftsmacht wie die USA. Genau davor hatten die Europäischen Nationalstaaten Angst, vor allem die Engländer und Franzosen. Soweit die Geschichte! Heute hat das damalige englische Sprichwort ausgedient, das vor dem 1.Weltkrieg gang und gäbe war: „Wenn Du den Finger ins Wasser steckst und es schmeckt salzig, it's British". Ja die Engländer hatten sich bereits über die gesamte Welt ausgebreitet und Kaiser Wilhelm, der die immer stärker gewordene Wirtschaftsmacht Deutschland regierte, wollte auch noch ein paar Stückchen von der Welt abbekommen.

Fortfahrend zeigt die Historie, daß das 1000 - jährige Reich, vor allem durch den unentschuldbaren, grausamen Holocaust, unauslöschlich der dunkelste Fleck in unserer Geschichte bleibt. In diesem Zusammenhang sollte niemand die Frage stellen: Welche große Nation ist eigentlich frei von dunklen Flecken?

Das heutige zurechtgestutzte Deutschland, eingebettet in das Friedensprojekt Europa, kann es in der Zukunft nur besser machen. Aus der Geschichte gelernt, sind wir langsam aber sicher wieder ein kleines, aber doch großes Volk in der Völkergemeinschaft geworden. Unsere Chance heißt Europa, eingebettet in unserem vielfältigen und bunten Kontinent, der über Jahrhunderte lang unter Kriegen und Schmerzen geboren wurde. Dieses Europa, der geschichtsträchtige Kontinent der Renaissance, der Aufklärung, der Reformation und des Humanismus, diese geborene europäische Kraft sollte sich endlich einigen und einen entsprechenden Appel an die Welt senden.

Präsident Macron in allen Ehren, er hat es mit der Gewerkschaft sehr schwer, die wie immer Reformen ablehnen, doch seine Idee mit der Transfer Union wird den Norden vom Süden spalten! Diese Uneinigkeit in Finanzfragen, der Euro hat nämlich eine inflationäre

Finanzblase produziert, den Norden stark und den Süden schwach gemacht und nicht zuletzt das Wiederauf - kommen der völkischen Nationalgedanken (Brexit) sind es, die Europa so schwach machen. Wie sollen wir unseren engsten Freunden und Enkeln in Übersee ins Gewissen reden! Die lachen doch nur.

Wann gibt es endlich den großen europäischen Führer, der die immer wieder, teils fatale Außenpolitik unserer amerikanischen Freunde nicht mehr mitmacht und die überfällige Entfeindung, b.z.w. Verständigung mit den Russen vorantreibt? Unser Nachbar Russland ist und bleibt europäisch. Die Chancen gab es nach der Wende zuhauf, doch unsere überseeischen Freunde streuten immer wieder Sand ins Getriebe. Unsere Freunde, denen wir fraglos sehr viel verdanken wissen natürlich genau, dass Russlands Annäherung an die Europäischen Union die amerikanische Vorherrschaft zumindest wirtschaftlich brechen würde. Solch ein starkes vereinigtes Europa, passt nicht zu dem „Amerika First" Gedanken des Donald Trump. Unverhohlen lud er sogar als erstes die anti - europäisch denkenden englischen Brexit Nationalisten nach Washington ein, um Sand ins europäische Getriebe zu streuen! Damit hat er sofort eine fatale Wirtschafts - miene gelegt! Er weiß natürlich genau, dass die 500 Mio. Europäer eine große Wirtschaftsmacht und Konkurrenz für die USA sind.

1983 hatte ich damals das große Vergnügen Donald

Trump kennen zu lernen. Bei einer kleinen House-warming Party in seinem Penthaus, zudem mich meine Freunde Karl und Jochen Springer einluden, die nicht nur Trumps Penthaus, sondern auch Ronald Reagen, und Frank Sinatra eingerichtet hatten. Ich war tief beeindruckt von dem damals gut aussehenden, erfolgreichen New Yorker Geschäftsmann und seiner Frau Ivana. Dabei lernte ich auch seinen Anwalt Roy Cohn kennen, den typischen jüdischen New Yorker Super Anwalt, mit dem Trump jedem drohte, der nicht so wie er wollte! Roy Cohn sah nicht nur zum Fürchten aus.

Donald war damals genau der Mann, mit dem ich gerne (ohne Anwalt) ins „ 21" und in ein paar andere Bars gegangen wäre. Leider wurde nichts daraus.

Dazu mehr in der Fortsetzung „ German Liebling 2 "

Heute jedoch sieht es alles ganz anders aus. Umgeben mit den entsprechenden Beratern und mir Hilfe der Banken und seines Yorker Super Anwalts, dem Casino Kapitalismus, „to Big to fail" und der nötigen Chuzpe machte er seine Karriere, entging dadurch mehreren Pleiten und schaffte es schließlich seine Baufirma ins Weiße Haus zu verlegen. Clever, clever! Da bekanntlich Geld, Erfolg und Macht korrumpiert, wird er bedauerlicherweise weiter zocken. Dieses Mal ist es aber nicht nötig, wie Bush jr., und Dick Cheney einen großen Krieg anzuzetteln, denn er weiß mit bauen ist dann nichts mehr, weil dann alles verstrahlt sein wird. Eine 3000 KM lange Mauer zu

Mexico zu bauen langt ja auch, er ist ja im Baugeschäft. Wie ich die Amerikaner kenne, werden sie ihn wieder wählen und von Ehrgeiz getrieben wird es sein Ziel sein, am Ende seiner Amtszeit, zu den reichsten Menschen auf der Welt zu gehören. Von seinem neuen Firmensitz aus, um seine Sicherheit braucht er sich ja nicht sorgen, dafür zahlt ja die Firma eine Mio. Dollar täglich und als gewiefter Geschäftsmann und nun nebenbei Präsident, ist er mit unbegrenztem Kreditvolumen ausgestattet und mit Hilfe seiner entsprechenden „ Eitzesgeber " braucht er jetzt nur große Aktienpakete zu kaufen, auf Verlust wetten und dann aus dem Ovel Office den zur Regierungsform erhobenen Twitter Account mit den entsprechenden Meldungen in Gang setzen. Schon ist er reicher. Kommt die Presse dahinter, twittert er wie immer „Fake news", „Fake News". Ganz einfach.

Fragt sich nur, wie lange hält das der mittlerweile uferlos gewordene Casino Kapitalismus noch aus?

Nun genug mit der widerlichen Politik und dem „Trump Bashing" . - Wir können es nicht ändern.

Zurück zu meiner Story, die mit meinem zunehmendem Alter auch immer spannender wird.

Es wurde Herbst 1944, seid langen rollten die ersten endlosen Flüchtlings Trecks durch Obernigk. Die Pferde - wagen ratterten Tag und Nacht über das Kopfsteinpflaster der Trebnitzer Strasse Richtung Westen. Die Rote Armee rückte näher und jeder wusste, der Krieg war verloren, es war bereits ein aussichtsloser Kampf. Spätestens bevor die Sowjets das damalige Reichsgebiet erreichten, hätte man kapitulieren müssen. - Leider mißglückte das Attentat des Obersten von Stauffenberg! Es hätte der Welt und vor allem Deutschland viel Leid und Elend erspart und die Geschichte wäre anders verlaufen.

In der Waschküche kochte man nun Tag und Nacht in einem großen, zweckentfremdeten Waschkessel Sirup aus Zuckerrüben für die hungernden Flüchtlinge. Mutter bereitete nun auch unsere Flucht vor. An Schlaf war schon lange nicht mehr zu denken. Die Anspannung, die spürbaren Auflösungserscheinungen und die um sich greifende Angst vor der Roten Armee hing in der Luft. Das unaufhörliche Rattern der Pferdegespanne des endlosen Flüchtlingstrecks, war ein untrügliches Warnsignal. Eines Nachts beobachtete ich in unserem Park hektisches Treiben und das pausenlose Aufblitzen von Taschenlampen. Von Mutti organisiert vergruben mehrere Soldaten in einem Geräteschuppen, mehrere Metallkisten mit Silber, Bildern, Porzellan und Teppichen. Spätestens jetzt wurde auch mir klar, dass wir flüchten müssen. Tage später war es soweit, ich erinnere mich noch sehr genau an dieses Datum, es war der 10. Januar 1945, einen Monat vor meinem 11. Geburtstag; es war bitterkalt und wir hatten Minus 25 Grad. - In der Ferne hörte man schon den ersten Geschützdonner und jetzt ging alles sehr schnell. Ein mit Mutter befreundeter Oberst befehligte unseren Ab   -

transport. 2 Kübelwagen fuhren vor. Der Kinderwagen mit meinen beiden damals 2 und 3 jährigen Halbbrüdern und mir und ein paar Koffer fuhren im ersten Wagen, im zweiten saßen der Oberst, Großmutter, Mutter, Kika, unser Faktotum und Mädchen für alles. Mit einem Affenzahn ging es zum überfüllten Bahnhof. Hier wartete schon der abfahrbereite Zug. Für den Oberst, der eine Tasche mit Kurierpapieren umgehängt hatte und uns war ein extra von Soldaten bewachtes Abteil reserviert. Natürlich war es damals alles sehr spannend und aufregend für mich. Gleich hinter der Lok und auch am Ende des Zuges befanden sich je ein Geschützwagen mit jeweils 2 Vierlings Kanonen gegen Tieffliegerangriffe und schon setzte sich der völlig überfüllte Zug langsam in Bewegung. Verwaiste Kinderwagen, viele Leute und Soldaten blieben auf dem Bahnsteig zurück. Mutti weinte bitterlich, die Kleinen schrieen und die arme Großmutter saß ganz apathisch, ins Leere starrend da. - Wie sich später herausstellte hatte die liebe alte Dame von einem Tag auf den anderen ihren Verstand verloren. Auch mir dämmerte es, daß wir damals ein ganzes Land auf Nimmerwiedersehen verließen, es war ein schlimmes Gefühl. - Breslau war zu dieser Zeit schon zur Festung erklärt worden, sodass der Zug direkt nach Liegnitz umgeleitet wurde und von dort sollte es Richtung Berlin gehen. Mutter hatte in der Eile vergessen, etwas zu essen mitzunehmen und es war bitterkalt und ich begann mit

Wärmegymnastik Übungen. Nach einer endlos erschei -
nenden Zeit stoppte der Zug kurz vor Berlin auf freier
Strecke. Die Reichshauptstadt erlebte wieder einmal ein
schweres Bombardement und man ließ unseren Zug
nicht in die Stadt und dazu kam die Angst, das Ziel vor
Tieffliegern zu werden. Als es dann endlich weiterging
wurde auch Berlin umfahren, da die Gleisanlagen zerstört
waren und so gelangten wir schließlich nach vielen
Stopps, 24 Stunden später, in die Nähe Hamburgs. Hier,
auf einem kleinen Bahnhof im Nirgendwo, organisierte
unser Oberst etwas zu essen. Nach Stunden ein Lok-
wechsel und es ging endlich zurück Richtung Berlin.
Heil, völlig durchfroren und halb verhungert, gelangten
wir schließlich nach 3 langen Tagen in die Wilmersdorfer
Stadtwohnung, unser neues Zuhause. Niemand kann sich
heute noch diese Strapazen und dieses Leid vorstellen,
dabei ging es damals den armen Ostpreußenflüchtlingen
noch schlimmer, wie man später erfahren sollte. Ich
schreibe es, weil die Zeitzeugen langsam wegsterben. Die
fünf Zimmer Wohnung in Wilmersdorf in der Berliner
Straße 9 liegt im ersten Stock direkt über einer Bäckerei.
Zum Ende sollte sich herausstellen, dass diese Wohnung
in Berlin für unser Überleben der sicherste Ort war. Die
liebe, alte Dame hatte die Flucht nicht verkraftet und war
innerhalb weniger Tage total verwirrt und geistesgestört,
von heute auf morgen ein Pflegefall. Sie hatte den Verlust
ihres Mannes, dann ihrer gesamten Habe und schließlich

den ihrer Heimat nicht verkraftet. Nach mehreren Tagen erreichte ich Vater telefonisch und er holte mich umgehend ab. Mutter hasste ihn dafür. Die nächsten Monate verbrachte ich nun wieder mit meinem damals heiß geliebten Vater in der Fasanenstraße. Er zeigte mir um die Ecke, am Kurfürsten Damm gelegen, sein neues Büro. Es war im 3. Stock des Hauses, in dem sich damals das Cafe Bristol befand, gegenüber der Komödie und des Theaters des Westens. Hier wohnten drei seiner „Monteurfreunde", die er beschäftigte. Ich wurde zu absolutem Stillschweigen verdonnert, denn Niemand, auch nicht mal meine Mutter, durfte wissen, dass hier Leute wohnen. Es müsse unbedingt ein Geheimnis bleiben, sonst werde er erschossen. Ich bekam eine Heidenangst und schwor mein großes Ehrenwort, alles für mich zu behalten. Erst nach dem Krieg erfuhr ich, daß diese versteckten Freunde Juden waren, damals habe ich das Wort Jude nie gehört, ich kannte das Wort überhaupt nicht. Ab und zu kamen die drei zu uns rüber und spielten mit Vater Skat, Franzefuss oder Klapperjas. Eines Morgens Sturmklingeln! Vater war hinten im Badezimmer und rasierte sich, also öffnete ich die Tür. Zwei finster blickende Männer mit Schlapphüten, in langen olivgrünen Ledermänteln schoben mich beiseite, kamen rein und fragten, wo mein Vater sei. Ich wusste sofort was los war. Geheime Staatspolizei! Im Badezimmer, sagte ich, deutete nach hinten und lief blitzschnell voraus. Ein paar Meter von dem Badezimmer rief ich dann ganz laut: Vati, hier sind zwei von der Polizei, die dich sprechen wollen. Natürlich vermied ich ganz das böse Wort Gestapo. „Ich gehe jetzt runter Schrippen holen!" - Das war unser ausgemachtes Codewort für den Notfall und auf und davon war ich. - So schnell meine kurzen Beine mich trugen, flitzte ich rüber zum Ku'damm ins Büro, keuchte die 3 Etagen drauf, klingelte Sturm, trat und hämmerte gegen die schwere und massive Eingangstür, die sich nach einer gefühlten Unendlichkeit öffnete. Völlig außer Atem in die Diele stürzend, tobte und schrie ich wie Rumpelstilzchen: „Sofort verschwinden - die Gestapo ist drüben". Vaters Freunde, ein Herr Jacobi, Herr Kötschau und der Conny Friedländer, beseitigten fliegend alles Verdächtige und blitzschnell waren wir in letzter Sekunde durch den hinteren Personalaufgang ver - schwunden. Die Drei hatten einen eigenen speziellen Fluchtweg nach oben, zum Nebenhaus. Alleine flitzte ich die Treppen runter, über den Hinterhof nach vorne, schielte vorsichtig aus der Torausfahrt auf den Ku'damm, ob die Luft rein war und spazierte dann ruhig, als wäre nichts gewesen, zur Uhland Strasse zum Café Möricke und kaufte Schrippen. Wie Vater mir hinterher sagte, durfte er sich nicht einmal fertig rasieren. Zuerst durchsuchten sie unsere Wohnung, dann den Dachboden, den Keller und die Garage, anschließend mußte Vater die Gestapo in sein Büro am Ku'damm begleiten. Er war denunziert worden, aber seine Stellung und die guten Beziehungen halfen ihm den Kopf aus der Schlinge zu ziehen.

Rückblickend bewies ich wohl zum ersten mal mein Schauspieltalent und ich bin mir sicher, dass ich meinem Vater und den Dreien an diesem Tag das Leben gerettet habe. Das Papa damals Kraft seiner Möglichkeiten und Beziehungen 10 jüdischen Freunden und Bekannten das Leben rettete erfuhr ich erst sehr viel später nach dem Krieg, als er von dem ehemaligen Innensenator und späteren Bürgermeister Schütz für seinen Mut das Bundesverdienstkreuz verliehen bekam. Heute wird ihm mit vielen anderen in der „Gedenkstätte Stille Helden" in in Berlin gedacht und sein Name ist in Jerusalem im Mahnmal „Yad Vashem" verewigt. - Darauf bin ich stolz.

Durch meine Zeitreise in die Vergangenheit des letzten Jahrhunderts und das Eintauchen in die Geschichte dieser dunklen Zeit wurde mir eigentlich erst relativ spät bewusst, welcher Mut damals dazu gehörte, für fremde Menschen, täglich sein Leben aufs Spiel zu setzen. -

Nach ein paar Tagen schickte mich Vater zu meiner Mutter nach Wilmersdorf zurück. Er wollte versuchen noch bevor sich der Ring der Roten Armee um Berlin vollends schloss, mit einem Bekannten nach Hamburg zu den Engländern zu gelangen, dazu hatte er einem kleinen BMW - Dixie organisiert, der unten in der Garage stand. Unseren schönen Wanderer Cabriolet hatte die Wehr -

macht schon längst konfisziert. Es war Anfang/Mitte April, kurz bevor die Sowjets den Ring um Berlin schlossen, um dann Berlin endgültig zum großen Reichstrümmerhaufen zu zerlegen. - Seit Tagen schon hörte man in der Ferne den immer näher kommenden Geschützdonner der sowjetischen Artillerie. - Mitten in der Nacht kam der erwartete Bekannte meines Vaters - ein Neffe Hermann Göring's. Er hatte in doppelter Aus - führung die entsprechenden wichtigen Ausweispapiere dabei, so dass die beiden von keiner Militärstreife, weder von den Kettenhunden noch von der SS aufgehalten werden konnten. Beide reisten offiziell in geheimer Mission. Für mich war es ein ganz schlimmer Abschied, das erstmal verlassen und alleine, ich weinte wie ein Schlosshund. Vielleicht sehe ich ihn ja nie wieder.

Er befahl mir, so wie es hell wird, sofort zu meiner Mutter zu marschieren, denn er werde es bestimmt, nach Hamburg zu den Engländern schaffen, außerdem sei ich doch nun schon ein großer Junge. Er gab mir einen aufmunternden Klaps auf den Po und die beiden verschwanden im dunklen Treppenhaus. Blind von Tränen rannte ich zum Fenster und wartete bis der kleine unbeleuchtete Dixie unterm S-Bahnbogen Richtung Kant Straße verschwand. Sie wollten es über Spandau ver - suchen. Ich blieb noch einen Tag in der Fasanen Strasse. Am nächsten Morgen in aller Frühe kamen 2 Männer in Uniform und wollten Vater zum Volkssturm holen.

Wahrheitsgemäß sagte ich: „Er sei schon längst auf dem Weg zur Front". Der Geschützdonner kam immer näher und plötzlich Einschläge in der Nähe. Eilig machte ich mich auf den Weg zu meiner Mutter nach Wilmersdorf zur Berliner Strasse.

Nachdem ich im Dauerlauf auf den Ku'damm einbog, sah ich als erstes die schon vorher halb rasierten Türme der Gedächtniskirche und wusste, dass es nun aller - höchste Zeit ist. Angeblich war die Gedächtnis Kirche die erste Zielscheibe der Roten Armee im Westen der Stadt. Ich rannte im Dauerlauf den alten Schulweg zur Joa - chimstaler Strasse, um von dort die circa sechs Straßen- bahnhaltestellen der Kaiserallee zur Berliner Str. rauf zu laufen, ich hatte ja in der Rhön Gewaltmärsche gelernt. Die Strassenbahnlinien 77 u. 177 hatten den Betrieb schon lange eingestellt. Keine Menschenseele weit und breit.

Ein beklemmendes Gefühl, so ganz alleine, nur der Ge- schützdonner in der Ferne war zu hören - aber wer Hitler Junge werden wollte, der mußte jetzt die Zähne zusam- menbeißen.

Ja, so dachten alle Jungen damals - wir waren sämtlich „brainwashed". Kurz vor Erreichen der Pariser Straße schlugen links am Prager Platz, ca. 50 Meter entfernt von der Kreuzung, die ersten vier, fünf Granaten ein. Ich schmiß mich im Schutze einer Hausmauer der Kaiserallee auf den Bürgersteig. Die Explosionen der Granaten war so unglaublich laut, dass ich für Minuten total taub war. Ich traute mich erst mal nicht weiter, denn dazu musste ich ja über die Kreuzung. Ich robbte mich langsam bis zur Hausecke vor, schaute vorsichtig nach links und sah in etwa 50 Metern etliche Granattrichter und die ersten Leichen meines Lebens. Sie lagen völlig zerfetzt, ohne Arme und Beine verstreut auf der Strasse. Mich wunderte nur, dass sie nicht bluteten. Minuten später raste ein Kübelwagen mit zwei Soldaten aus Richtung Zoo kommend die Kaiserallee herauf. Verzweifelt richtete ich mich auf und winkte. Sie sahen mich sofort. Ein scharfes Abbremsen, ein Schlenker und der Wagen schoss zwischen zwei Bäumen zu mir auf den Bürgersteig. Sie hievten mich auf den hinteren Sitz des offenen Wagens und mit quietschenden Reifen ging es die Kaiserallee rauf zur Berliner Strasse. Überrascht über den Steppke, der hier alleine herumläuft, schimpften sie fürchterlich, redeten von einer Tracht Prügel, die mir gehöre. Sie waren auf dem Weg zum SS Hauptführungsamt, das links vor der Ecke Berliner Strasse lag. Hinter der Kreuzung, neben dem damaligen Atrium, hatte man die Kaiserallee schon durch eine gewaltige Panzersperre geschlossen, genau so, wie sämtliche Parallelstraßen rundherum, erzählten die Soldaten: „Hier werden wir die Russen aufhalten", es sei nämlich die letzte Bastion vor dem Bahnhof Zoo. Dann setzten sie mich um die Ecke vor unserer Haustür ab. Ich bedankte mich, sprang aus dem

Wagen und rannte die Treppe rauf, als mir eine alte Oma entgegen kam. Sie sagte, meine Mutter und alle Hausbewohner seien schon seit Tagen im Keller. Dieser war aber nicht vom Vorderhaus aus, sondern nur über den Hintereingang, bzw. Hof zu erreichen. Mutti und unsere Kika hatten in unseren 2 Kellerabteilen Betten aufgebaut und ab jetzt musste ich mit meinen 2 Brüdern in einem Bett schlafen. Die Detonationen des Granatfeuers nahmen zu und manchmal wackelte unser Keller. Ich nahm jede Gelegenheit wahr auszubüchsen, indem ich den älteren Leuten anbot ihnen Sachen aus ihren Wohnungen zu holen, schließlich war ich doch nun schon elf und damit im Pimpfalter. Meiner Mutter gefiel das alles garnicht, aber ich war kaum zu bändigen. Eines Tages, während einer Beschuss Pause sollte ich für uns ein paar Kissen aus der Wohnung holen. Ich flitzte über den Hof, die Treppen rauf, schloß unsere hintere Eingangstür auf und rannte über den langen Korridor nach vorne. In der Diele angekommen, die zu unseren 3 Vorderzimmer führte, nur Scherben, weißgrauer Trümmerstaub und herausgerissene Zimmertüren. Alle Schränke waren umgefallen und sämtliche Fensterscheiben waren raus, große Verwüstung. Die Granate war quer durch das rechte Fenster durch die 2 anderen Räume in die letzte Zimmerwand eingeschla -gen. Vom Einschlagwinkel her zu urteilen, musste sie aus Richtung Atrium abgefeuert worden sein. Wahrscheinlich eine Panzergranate. - Totenstille. - Vorsichtig, aber von

Neugier getrieben, schlich ich über die Scherben und den herumliegenden Möbeln zum rechten Fenster von dem man rüber zum Atrium und der Panzersperre sehen konnte. Eingeprägt vor meinem geistigen Auge habe ich immer noch heute die unglaublich gespenstische Szenerie in Farbe vor mir. - Die Sonne schien, Staub lag in der Luft, drohende Stille. Trotz eines sonnigen Frühlingstages war kein Pieps eines Vogels zuhören. Uns gegenüber lag ein mächtiger, starker, großer Steinbau aus Granit. Die leeren, hohlen Fenster grinsten wie große, tote Augen. Das ganze Haus hatte schwer gelitten, da es den Granaten Beschuss von der anderen Seite abgefangen hatte. Die Straßenbahnoberleitungen hingen teilweise herunter oder lagen auf der mit Trümmern übersäten Fahrbahn. Dazwischen abgerissene, teilweise schon grünen Äste der Bäume. Links von uns, vor dem Nebeneckhaus zur Prinzregenten Strasse, ein großer Bombentrichter, rand - voll gefüllt mit Wasser aus dem mehrere zerfetzten Rohre ragten. Rechts schräg gegenüber auf der Kaiserallee selbst, die schon durchbrochene Panzersperre. Davor standen vier 4 ausgebrannte noch qualmender T 34 Panzer. Aus der offenen Luke eines Panzers hing ein toter russischer Soldat. Beißender verbrannter Gestank zog in bläulich, schwarzen Schwaden herüber. In einer Nische, versteckt hinter Mauervorsprüngen des Atriums kauerten einzelne Soldaten, mit Panzerfäusten im Anschlag. Plötzlich lautes Kettenrasseln und ein neuer T34 rollte langsam durch Öffnung der Sperre, seinen Geschützturm wild hin und her schwenkend. Sein Maschinengewehr bellte unaufhörlich und er näherte sich dem letzten zerstörten Panzerwrack, um es mit Vollgas unter grausamen Quietschen zur Seite zu schieben. Es blieb bei einem Versuch, denn es wurden 2 Panzerfäuste auf einmal abgefeuert. Helle Schweife hinter sich herziehend trafen sie und schweißten sich in den Panzer. Die Panzerluke flog auf und ein Soldat wollte noch raus, als es eine laute Explosion gab, die ihn in hohem Bogen durch die Luft schleuderte. Der Panzer brannte sofort lichterloh und die Sperre war aufs Neue blockiert. - Wieder Kettenrasseln - aber ich hatte genug gesehen, außerdem hatte ich Angst getroffen zu werden. Wie ein geölter Blitz rannte ich nach hinten, schnappte mir die Kissen und runter in den Keller. Außer Atem, völlig erregt, erzählte ich was gesehen hatte, worauf mir Mutter verbot nochmal den Keller zu verlassen. Durch den unaufhörlich wieder anfangenden Beschuss bebte und wackelte unser Keller hin und her. Die Angst stand jedem ins Gesicht geschrieben. Wir erwarteten die ersten Russen. Trommelfeuer begann. Plötzlich wieder Toten-stille. Nach einer Weile der Beschuss Pause kam ein hoher SS Offizier vom dem hinter uns gelegenen SS Füh - rungsamt in den Keller, ging von einem Raum zum anderen und fragte, ob Soldaten da seien. Er setzte sich zu uns und erzählte, dass die Sperren durch die abgeschossenen Panzer wieder geschlossen seien und die Russen hier nicht durchkommen. Alleine an der Sperre Kaiserallee verloren die Sowjets mehr als 9 T 34. Dann erzählte er von der Armee Wenk, die jetzt von Süden her vorstoße und Berlin aus dem Griff der Roten Armee befreien würde.

Jeder schöpfte wieder Hoffnung, ein Offizier musste es ja wissen! Keiner ahnte, daß die Armee des Generals Wenk mittlerweile eine Geister Armee war, die sich längst aufgelöst hatte. Nachdem er gegangen war raunte ein alter Opa meiner Mutti zu: „Der hat Deserteure gesucht und hoffentlich stimmt das mit der Armee Wenk, wenn nicht, wird es uns hier direkt neben dem SS Führungsamt sicher an den Kragen gehen". Mutti nickte mit angsterfülltem Gesicht. Um frische Luft zu schnappen schlich ich mich am folgenden Tag in einer der immer mal wieder eintretenden Gefechtspausen zur Kellertür, die zum Hof führt. Ein hoch dekorierter Soldat lief über den Hof und sieht mich unten stehen. „He, Kleener, du bist doch schon Pimpf, willste nich' Melder werden"?. Endlich meine Chance ! „Ich sage nur schnell meiner Mutter bescheid". Mit großen strahlenden Augen rannte ich zu ihr und ich hatte noch nicht ausgesprochen, als es links und rechts ein paar hinter die Löffel gab. Es war das erste mal, das Mutter mich geschlagen hatte und ich wurde nun postwendend in der Obhut von 2 Nachbarinnen in einem separaten Kellerabteil eingesperrt. Mit Sicherheit rettete mir Mutter damit das Leben!

Nachgewiesen sind alleine im Kampf um Berlin mehr als 5000 Jungen zwischen 10 und 15 Jahren gefallen! Dieser Wahnsinn damals war eine der großen Sauereien der Nazis. Selbst als jedes Kind schon wusste, das der Krieg unrettbar verloren war, noch die Jungend zu verheizen. Von klein auf war die Jugend so indoktriniert, daß selbstverständlich jeder Junge zu den Fahnen eilen wollte. „Um unsere Heimat, die Frauen und Mütter gegen die sowjetische Soldateska zu verteidigen", das war damals die Parole!

In den verschiedensten Formen tauchen Indoktrinierungen immer wieder auf, teilweise verbreitet von Lehrern, die bestimmten Partei angehören, von Islamisten, religiösen Gruppen, oder Populisten, sie alle haben immer ein Sendungsbewusstsein und auf diese Art werden dann die unschuldigen Kinder verbildet und versaut.

Aber zurück nach Berlin zu dem kaum zu beschreibenden Inferno des Kriegsendes. Die Elektrizität war schon lange ausgefallen. Einige Tage später, in einer neuerlichen Gefechtspause, kamen 2 Soldaten in den Keller um uns zu zeigen, wo wir frisches Trinkwasser holen können. Unsere Wasservorräte waren ja seit Tagen aufgebraucht, Mutti und Kika trauten sich nicht und die alte arme, geistesabwesende Großmutter kam sowieso nicht in Frage, also hatte ich noch einmal die Chance rauszukommen. In Begleitung einiger Frauen liefen wir halb geduckt etwa 50 Meter vom Haus aus nach rechts über die Kreuzung, am Atrium und an den mittlerweile 7 ausgebrannten Panzerwracks vorbei, in Richtung einer wunderbaren alten Berliner Einrichtung, einer guss - eiserne Pumpe. Unsere Soldaten wiesen unseren kleinen mit Eimern bewaffneten Haufen an, die Kreuzung zu überqueren. Sie versicherten uns, daß die Russen auf Frauen und Kinder nicht schießen würden. Die Russen saßen nämlich schon etwa 300 vor der Panzersperre, hinten im Marie Louise Park, in der die Kaiserallee eine Biegung nach rechts Richtung Kaiserplatz macht. Die Soldaten blieben im Schutze des Atriums und beob - achteten unseren armseligen, ängstlichen Gänsemarsch. - Uns bot sich ein bizarres Bild der totalen Verwüstung. Die Sonne schielte durch die Lücken der Rauchschwaden, warf graue Schatten auf die Trümmerwüste, die sich im Staub aufzulösen schien. Dadurch wurde das Bild noch gespenstischer als es schon war. Ringsherum vereinzelte, brennende Häuser, Granattrichter oder Krater, die her - unterhängenden Straßenbahnleitungen, entwurzelte Bäu - me, die durchbrochene Panzersperre mit den teilweise noch qualmenden Panzerwracks. Totale Stille, in der Ferne Kanonendonner. Da ich der Letzte in der Reihe war, drehte ich mich ein paar mal nach meinen Soldaten um, die mir jedesmal zuwinkten rasch weiterzugehen. Hinter der Kreuzung rechts die Pumpe, an der ein Soldat den Frauen half, die Eimer voll zu pumpen. - Plötzlich aus dem Nichts heraus kommend, immer lauter werdendes, anschwellendes Flugzeuggeräusch. Unser Soldat reagierte blitzschnell und schrie: Volle Deckung! Sowieso angespannt wie ich war, reagierte ich wohl als Erster und sprang mit einem Hechtsprung hinter mir durch eine fensterlose Eingangstür einer Drogerie und landete auf dem schon mit Scherben übersäten Boden. Im gleichen Augenblick gab es ohrenbetäubende Explosionen und die Ladentür stürzte auf mich. Wie durch ein Wunder war ich bis auf ein paar Schrammen kaum verletzt - halb betäubt machte ich mich frei. Mit ein paar Schnittwunden an Händen und Knien, mit Kopf- und Ohrensausen taumelte ich auf die Strasse. Alles schien weit entfernt und irreal, Verletzte und Tote. Die Pumpe existierte nicht mehr. Die Bomben hatten das Ziel Panzersperre verfehlt. Halb ohnmächtig, wie im Traum taumelte ich zick - zack laufend, um ja kein Ziel zu bieten, zurück über die Kreuzung. Ein Soldat brachte mich zu unserem Haus. Diese Soldaten waren es dann auch, die uns später nochmal mit Wasser versorgten. Später erfuhr man, dass unsere Panzersperre und die Sperren in den Neben - strassen, die letzten Bastionen vor dem Bahnhof Zoo 10 Tage lang von nur 16 Soldaten gehalten wurden. Alleine an der Panzer Sperre Kaiserallee verloren die Sowjets 9 T 24 und diese Sperre wurde 3 mal nachts immer wieder geschlossen. Bei diesem letzten aussichtslosen Häuser

Kampf der Wehrmacht um Berlin verloren die Sowjets über 10.000 Panzer. - Berlin war zu 80% zerstört, ohne Gas, ohne Elektrizität, ohne Wasser und es gab nichts zu essen, nur Tod und Elend. Niemand kann sich das heute noch vorstellen, selbst wenn man es miterlebt hat, ist es kaum noch nachzuvollziehen oder zu beschreiben.

Ein paar Tage später kamen die ersten Russen in den Keller - der Kampf war zu Ende - vorsichtig, die MP mit den runden Magazintrommeln im Anschlag, jederzeit bereit zu schießen. Wir hatten furchtbare Angst, weil wir wirklich glaubten, dass unsere letzte Stunde geschlagen hat. Ich machte mir fast in Hose. Die ersten russischen Kampfeinheiten waren Mongolen, sie waren noch die Anständigsten. Sie durchsuchten nur unseren Keller nach deutschen Soldaten und verschwanden dann. Die darauffolgenden Sowjets begannen zu plündern und die alten wehrlosen Leute zu bestehlen. Unsere liebe alte Kika aus Oberschlesien sprach fließend Polnisch und konnte sich leidlich mit den Russen unterhalten. Das war wahrscheinlich unser Glück, denn die Russen ließen uns mehr oder weniger ungeschoren und die Angst wich ein wenig. Plötzlich laute Schüsse im hinteren Kellerraum. Es war furchtbar und ich wollte instinktiv wegrennen, nur weg, aber ein Russe hielt mich fest; die Russen, die geschossen hatten, wechselten ein paar Worte mit dem, der mich festhielt, worauf mich dieser Kika übergab.- Ein deutscher Soldat hatte Zivilklamotten angezogen, aber sein Arm in Gips verriet ihn wohl und da er sich weigerte mitzukommen erschossen sie ihn.

Das Geballere hatte nun fast völlig aufgehört, immer mehr russische Soldaten tauchten auf und die gute, kleine, alte Kika wurde zu unserem Schutzengel. Im Laufe des nächsten Tages kam ein hoher russischer Offizier. Auffallend war, dass er eine nagelneue, saubere Uniform trug, er befahl den Keller sofort zu verlassen: „ Dawei, Dawei". Man brachte uns aus der Kampfzone, da die Russen unser einzig stehengebliebenes Haus als Kommandozentrale besetzten. Die Berliner Straße 9 hatte damals ein Riesenglück, nicht niedergebrannt worden zu sein, z.B wie das SS - Hauptführungsamt hinter uns und sämtliche Häuser der parallel zur Kaiserallee laufenden Landhaus- und Prinzregenten Strassen. Jedes Haus in Berlin, das von der Wehrmacht verteidigt wurde, brannten die Sowjets sofort nieder, die flüchtenden Soldaten wurden dann niedergemäht. -

Was heute kaum noch bekannt ist. Im Kampf um Berlin zündete die Rote Armee mehr Häuser an, als überhaupt durch den Bombenkrieg zerstört wurden!

Begleitet von zwei Russen hastete unser armseliges Häuflein, bestehend aus ein paar Frauen, Kindern und alten Leuten, durch die ausradierte Prinzregenten Straße Richtung Stadtpark, es stand kein Stein mehr auf dem anderen. An mehreren Laternenpfählen aufgehängte deutsche Soldaten. Auf Schildern stand: „Ich bin ein Feigling". - Die wurden sicher von der SS aufgehängt, meinte ein alter Mann. Langsam schleppte sich unser armseliges Häufleins durch die mit Trümmern übersäten Straßen Richtung Steglitz. Der Marsch dauerte Stunden! Unsere anfängliche Russenbegleitung hatte uns schon sehr früh verlassen. Die Frauen halfen Mutter meine beiden, kleinen Brüder abwechselnd zu tragen. Mit den Kräften am Ende erreichten wir schließlich den Titania Palast und die Schloß Strasse. Hier war, Oh Wunder, kaum etwas zer - stört. Nun ereignete sich ein Mysterium, an das ich mich nur noch vage erinnere. Auf einem Balkon im 1. Stock eines Hauses stand eine alte Dame und winkte uns zu raufzukommen. Mutter erzählte mir anschließend die Geschichte. Sie hatte Mutter mit ihren 3 kleinen Kindern, die alte Großmutter und Kika beobachtet und spontan gehandelt. So fanden wir in der höchsten Not Unterschlupf. Heute glaube ich zu wissen, daß unser Schicksal einen Namen haben muß. Wahrscheinlich hatte sich Gott eingemischt, obwohl er damals sehr viel zu tun hatte. Warum hat er uns ausgewählt?

Erst 1972, zig' Jahre später, während Dreharbeiten in Israel, versuchte es mir ein alter Rabbi in Jerusalem zu erklären. Er taufte mich zum Abschied Yoram. Übersetzt - „ Gott ist in Dir"!

Die alte Dame bewohnte alleine eine der großen Berliner

6 Zimmer Wohnungen, bei ihr blieben wir 2 Monate. Ein weiteres Wunder, das ganze Haus stand unter den Schutz eines höheren russischen Offiziers, den die alte Dame kannte. Jede Nacht hörte man rund herum grölende, be - trunkene Soldaten. Schräg gegenüber, etwa 100 Meter weiter links, befand sich ein Krankenhaus; eines Nachts schlimme, laute, nie gehörte Todesschreie, die mich noch Monate lang verfolgen sollten. Die betrunkene sowjetische Soldateska warfen wehrlose Verwundete aus den Fenstern der einzelnen Stockwerke - ich werde es nie vergessen. Wir hielten uns die Ohren zu, niemand konnte helfen. Wenn die Soldatesken besoffen waren, wurden sie zu wilden Tieren und sie waren damals immer besoffen. Die ersten Wochen nach dem Fall Berlins sind kaum zu beschreiben. Es gab keine Frau, die nicht vergewaltigt wurde. Nach ungefähr einem Monat ging Mutter als alte Frau verkleidet mit Kika zurück zu unserer Wohnung, um zu sehen, ob wir wieder nach Hause können. Erst am nächsten Tag kamen beide wieder. Mutter heulte und war in einem ganz schlechten Zustand. Später erfuhr ich von Kika, daß Mutter mehrmals vergewaltigt wurde. Dann, nach ganzen zwei Monaten kehrten wir in die Berliner Straße zurück. Die vorderen Räume waren unbewohnbar. Wasser gab es noch nicht, aber hinten in der Küche war es schön warm, denn sie lag direkt über dem Backofen der unteren Bäckerei. Frau Meta, die Bäckerin, backte nun für die Russen, dadurch bekamen wir immer etwas Brot

zu essen. Mutter und auch die kleine, alte Kika trauten sich nicht aus der Wohnung, so war es jetzt an mir, die Familie zu versorgen.

Das Atrium, der obere Teil völlig zerstört, wurde von 5 Russen bewacht. Schnell fand ich heraus, dass die Russen mir kleinem Jungen gegenüber freundlich gesinnt waren. Zuerst hatte ich natürlich Angst, aber es war ja die einzige Möglichkeit, etwas Essbares aufzutreiben und der Hunger trieb mich. Bald fasste ich Zutrauen und sie versorgten mich nun täglich mit Speck, Zwiebeln und dem klebrigen russischen Sauerteigbrot. Sie lachten, waren fröhlich, tranken sehr viel Wodka und waren sehr nett zu mir. Meine Beute schaffte ich sofort nach Hause. - Mehr und mehr erkundete ich die Umgebung. Nach ein paar Tagen führte mich einer meiner Atrium-Russen in das riesige, unzerstörte Untergeschoß des Gebäudes und zeigte mir die Schätze der Wehrmacht, die sie bewachten. Die riesigen Kellerräume waren bis unter die Decke mit Unmengen von Werkzeugen, Radioglühbirnen, Anoden - batterien, Telefonapparaten, Kabeln und anderen Geräten gefüllt. Mit Händen und Füßen zeigend schlug er mir nun minutenlang ein Geschäft vor. Wenn ich ihm eine Zeichnung mache, „wo Frau in 5 Minuten", dann kann ich mir hier nehmen soviel ich will. Ich nickte zögernd, obwohl ich sofort wußte, das ich es niemals tun würde.

Jetzt hatte ich den „Schwarzen Peter". Zum einen wollte ich meine Versorgungsquelle nicht verlieren und zum anderen mußte ich nun unbedingt Zeit gewinnen. - Dieses Mal kam ich schon mit 2 Telefonapparaten und 2 Anodenbatterien nachhause. Listig bat ich am nächsten Tag meinen neuen „Geschäftspartner" um Bleistift und Papier, was er natürlich nicht bei sich hatte, aber besorgen wolle. So gewann ich Zeit und begann Anodenbatterien zu stapeln und weiter die Familie zu ernähren. Man muß wissen, daß es streng verboten war ein Radio zu besitzen, sämtliche elektrischen Geräte mußten abgeben werden! Betrunkene Sowjetsoldaten in verdreckten Uniformen fuhren grölend auf geklauten Fahrrädern herum und zeigten ihre Kriegsbeute, gestohlene Uhren, die sie übereinander um beide Arme gebunden zur Schau trugen. Die Leute verkrochen sich, man sah kaum jemanden auf der Strasse, Frauen sowieso nicht! Nachts hörte man das Grölen der betrunkenen Soldateska, das Schlagen an die Wohnungstüren und das Schreien der Frauen. Tagsüber plündernde Soldaten, vor den Häusern unzählige vollbepackte olivgrüne Armeelaster mit dem Roten Stern. Alles wurde abtransportiert, Badewannen, Toiletten, Waschbecken, Lampenschirme, Möbel und Bilder, Teppiche, sogar Wasserhähne, einfach alles was nicht niet- und nagelfest war.

Zu dieser Zeit, die Sowjets mussten sich ja beeilen bevor die Westalliierten wie vereinbart nach Berlin kamen, rollten tagtäglich, monatelang im Stundentakt endlos lange, vollbepackte Güterzüge mit dieser Beute gen Osten. Die

Reparationen nach dem ersten Weltkrieg waren Nichts gegen das, was die Sowjets damals klauten. Dieses Ausmaß an Plünderungen, Vandalismus und Vergewaltigungen hat es in der Geschichte niemals zuvor gegeben. Ich bin mir sehr bewußt, was ich hier zu Papier bringe. Ich habe es als kleiner Junge erlebt und gesehen. Hier spricht die Geschichte! - Wie Kika sagte: Der Hunnen Sturm! - Stalin hatte seiner Armee die „Carte Blanche" ausgestellt, und die Frauen zum Freiwild erklärt. Von den Millionen Vergewaltigungsopfern kamen dabei schätzungsweise 10.000 Frauen direkt um. Bei der deutschen Wehrmacht z. B. stand auf Vergewaltigung, die standrechtliche Erschießung, wie allgemein bekannt!

Ich nehme an, dass es auch diese Kriegsverbrechen einer der Gründe waren, weshalb 1949 die 4 Genfer Kriegskonventionen beschlossen wurden.

Unsere große vordere Eingangstür, sowie die Fenster hatten wir mit Brettern zugenagelt, die hintere kleinere Eingangstür bestand aus Metall, die nicht so leicht einzutreten war. Welch ein Glück für uns! Während dieser schlimmen Zeit fand ich etwa einen Kilometer entfernt am Bayrischen Platz eine noch intakte alte gusseiserne „Plumpe". Von Weitem sah man schon die lange Schlange von Leuten stehen, die das kostbare Wasser holten. Zwei volle große, Eimer schleppte ich nun täglich von dort bis zur Berliner Strasse 9. Als 11 jähriger Steppke war ich damit ziemlich überfordert, alle 10 Meter mußte ich meine Eimer abstellen und brauchte jedesmal Stunden für den langen Weg. Immerhin waren es 2 Strassenbahn Haltestellen. - Anschließend, wenn ich mich etwas erholt hatte, ging es zu meinen Russen. Nach ein paar Tagen gab mir mein bester Russenfreund einen Bleistift und ein Schulheft. Ich zeichnete Phantasie Skizzen und solange es gut ging, schleppte ich täglich meine Beute nach Hause. Diese wertvollen Gegenstände lagerte ich damals in einem unserer zerstörten, fensterlosen, zugenagelten Vorderzimmer. Brennholz für Kika in unserer Küche, in der noch ein großer zu befeuernder Herd stand gab es ja in den Trümmern in Hülle und Fülle. Das Problem waren Kartoffeln, Gemüse und Obst. Die einzige Möglichkeit, man mußte zum Hamstern in die Zone aufs Land fahren. Entweder man hatte etwas zum Tauschen oder man mußte klauen. Ja, so war das damals. Mutter war zuerst strikt dagegen mich gehen zu lassen, doch nach längerem Hin und Her und Diskussionen mit Kika bekam ich die Erlaubnis. Wie sollten wir sonst endlich zu ein paar Kartoffeln kommen. Vom damaligen Lehrter Bahnhof aus, nicht zu vergleichen mit dem heutigen Hauptbahnhof, fuhren ab und zu, völlig umplanmäßig, sogenannte Hamsterzüge in Richtung Neustadt an der Dosse. Wie Trauben hingen die Leute an den Wagons oder saßen auf den Dächern. Das gefiel mir natürlich, bald aber stellte ich fest, dass so eine Fahrt hoch auf dem Dach, dem Rauch und Ruß einer

Lokomotive unentwegt ausgesetzt, nicht sehr lustig war. Der Zug hielt auf jedem kleinen Bahnhof und oft auf freier Strecke. Es dauerte Stunden bis er in Neustadt ankam. Hier verließen die meisten Leute den Zug, weil es eine Kartoffelgegend ist. Von der langen Fahrt durch - froren und durchnäßt, es hatte zwischendurch geregnet, schloß ich mich mit meinem Rucksack bewaffnet einer Gruppe von Leuten an. Bald jedoch machte ich mich selbständig und zog alleine los, immer mir die Richtung merkend, wo hinter mir der Bahnhof lag. Das hatte ich ja in der Rhön bei den Geländespielen gelernt. Nach einer Weile stieß ich auf ein großes russisches Militärlager. Vorm bewachten Eingangstor versuchte ich, der kleine 11 jährige Steppke, den grinsenden Wachposten mit Händen und Füßen zu erklären, dass ich hungrig bin. Schließlich erschien ein junger Offizier in einer schönen, sauberen Uniform, sprach kurz mit den Posten, die das Tor öffne - ten. Er nahm mich an die Hand und brachte mich in eine Barackenkantine. Hier bekam ich erst mal einen Blech - teller heiße Borschtschsuppe und ein Butterbrot mit Salz. Wir unterhielten uns so gut es ging und ich glaube er verstand, dass ich zwei kleine Brüder hatte und aus Berlin komme. Schließlich gab er einem Soldaten einen längeren Befehl und dieser kam nach kurzer Zeit mit meinem Rucksack und 2 Taschen voller Kartoffeln, 2 Flaschen Öl, einer Tüte braunen Zucker und einem großen Laib russischen Sauerteig Brot zurück. Ich war der glücklichste kleine Junge auf der Welt, schrieb ihm unsere Berliner Adresse auf und bat ihn, uns zu besuchen. Der Rucksack und die 2 vollen Taschen waren fast zu schwer für mich, sodass er einem Soldaten befahl, mich zum Bahnhof zu fahren. Der Soldat erkundigte sich, wann der nächste Zug nach Berlin geht. Drei Stunden zeigte er mir an. Es wurden aber 9 schlimme, lange, frierende Stunden auf dem überfüllten Bahnhof bis endlich ein offener Güterzug hielt, der sofort von den Wartenden gestürmt wurde. Ein freundlicher Mann half mir meine Kostbarkeiten auf einen Güterwagen zu heben, alleine hätte ich es wohl nicht geschafft. Die Fahrt zog sich wieder ewig lange hin. Ich war hoffnungslos übermüdet, meine Zähne klapperten schneller, als ich zittern konnte. Sicher hatte ich schon Schüttelfrost und Fieber. Irgendwann, nach vielen Stops hielt der Zug in einem Vorort Berlins auf einem Güter Bahnhof. Hier sollte man in einen anderen Zug umsteigen, der weiter vorne steht und sich beeilen. Der freundliche Mann half mir, nahm meinen schweren Rucksack und wir rannten über den Schotter und die Schienen nach vorne, um ja nicht den Anschlusszug zu verpassen. Der freundliche Mann rannte schneller, ich habe ihn nie wieder gesehen.

Halb tot kam ich nach ein paar Tagen mit meinen 2 Taschen, ohne Kartoffeln und einem angeknabberten Brot als heulendes Elend in der Berliner Strasse an. Ich kann mich nicht erinnern, wie ich damals den langen Weg durch die Trümmerwüste bis nach Wilmersdorf schaffte.

Mit hohem Fieber steckte Mutter mich in unserem Kinderzimmer ins Bett. Es war nicht lustig, denn unsere Wohnung war völlig verlaust und verwanzt. Jedes Mal, wenn man die Kerzen löschte, Strom gab es ja nicht, sammelten sich die Wanzen über den Betten und ließen sich dann auf ihre Beute fallen. Kerzen aber waren Mangelware, also war man machtlos gegen das ständige Wanzen-Bombardement. Mit Wanzen- und Läusebissen übersät bekam ich Hungertyphus und dazu auch noch die Ruhr. Mutter und unsere liebe, alte Kika kämpften um mein Leben. Ich war so schwach, dass ich nicht ein mal alleine zur Toilette gehen konnte. Schon damals ahnte Mutter und vor allem Kika, dass Gott seine Hand schützend über uns hielt. In dieser Not glaubten beide fest daran. Unsere liebe, katholische Kika erzählte mir Jahre später, dass sie Tag und Nacht für mich gebetet hat.

Je länger ich darüber nachdenke, je fester bin ich davon überzeugt, dass es etwas Übergeordnetes geben muß, das einen starken Einfluß auf das Innere des Menschen ausübt und in unserem Unterbewusstsein schläft. Seit Menschengedenken versuchen die Religionen, uns Gott zu erklären und die Menschen träumen davon. Wenn Gott wirklich existiert, dann wohnt Gott in jedem Menschen und Gott steht nicht über der Natur, sondern ist die Natur selbst. - Natur ist wohl das Schönste auf Erden, aber sie kann auch grausam sein, wie alles Schöne! -

Wie ist es rückblickend sonst zu erklären, dass ich später, ohne jede Vorwarnung, nur durch purem Zufall dem Sensenmann noch 3 mal entwischte?

Nachdem sich mir nach Jahren die Geheimnisse der Welt schrittweise auftaten und ich die Zusammenhänge des Seins mehr und mehr erkannte, begann ich zu glauben und sehr schnell merkte ich, dass es der Glaube ist, der Berge versetzen kann. -

Als ich noch sterbenskrank im Bett lag, zogen die Russen aus dem Westen Berlins ab und wir wurden die 4 Sektoren Stadt. Wilmersdorf britischer Sektor und der Russenspuk war endlich vorbei!

Die erste Aktion der Engländer - sie organisierten eine gigantische Entlausung Operation, indem man sämtliche Häuser und Wohnungen desinfizierte. Nur mit extrem großem Aufwand konnte man nur so der verlausten und verwanzten Stadt Herr werden. Heute kaum noch vorstellbar.

Mutter war wie verwandelt, zog sich wieder hübsch an und da sie Englisch sprach, lernte sie bald einen englischen Militärarzt kennen, der mein Lebensretter wurde. Er spritzte mir Penicillin. Dieses damalige neue Wundermittel war noch sehr rar und eigentlich garnicht zu bekommen, aber meine Mutter schaffte es. Dadurch wurde ich mit Sicherheit zum zweiten Mal geboren und wie durch ein Wunder überlebte der kleine unterernährte kleine Junge diese beiden tödlichen Infektionen. Durch die jetzt einsetzende Versorgung mit Lebensmitteln erholte ich mich rasch und konnte bald wieder aufstehen. Mutter hatte sich mit der Rückkehr der westlichen Zivilisation vom Aschenputtel wieder zur schicken eleganten Dame gewandelt. Ich begann mit den Jungen aus der Nachbarschaft die ersten Tauschgeschäfte zu machen. Durch meine gestapelten Schätze aus dem Atrium war ich der Krösus der Gegend, das sich sehr schnell rumsprach. Wir legten sogar eine Telefonleitung bis in die Helmstätter Strasse. Durch Anodenbatterien mit Strom gespeist konnten wir dadurch mit einander telefonieren, eine Sensation. Von den Russen wären wir dafür erschossen worden. Wir stromerten durch die Ruinen, unsere bevorzugten Spielplätze, holten Brennholz, sammelten Bleirohre, die wir verscherbelten. Unsere Ausflüge dehnten sich immer weiter aus. Mit dem Segen meiner Mutter durfte ich eines Tages in Begleitung Kika's Vaters Wohnung in der Fasanen Strasse besuchen. Vom Atrium bis zum Ku'damm zählten wir noch etliche ausgebrannte T 34 und viele zerstörte Häuser. Meine Volksschule in der Joachimstaler Straße, dieser alte, rote Ziegelstein Bau hatte zwar keine Fensterscheiben mehr, war aber sonst unversehrt. Am Ku'damm Ecke Fasanen Strasse befindet sich das „Astor", eines der schönsten, kleinen Kinos Berlins. Darin sah ich mit Begeisterung Filme mit Heinz Rühmann, Marika Röck und Hans Albers und wollte schon damals als kleiner Junge

Schauspieler werden. Ich erinnerte mich noch an Quax der Bruchpiloten, Gasparone, Stolberg und Münchhausen. Die Russen hatten dieses schöne Kino zu einem Pferdestall umfunktioniert. Meine alte Kika sagte nur: „Wie bei den Hunnen" - Das habe ich nie vergessen. Das Haus in der Fasanen Strasse 16 stand unversehrt, nur unsere Wohnungstür war aufgebrochen.

Vaters Wohnung war total leer geräumt, keine Badewanne, keine Toilette, keine Waschbecken, gar nichts! Nur den Parkettboden gab es noch, wie lange noch? - denn man brauchte ja Brennholz. Wir blieben keine 5 Minuten und machten uns zurück auf den langen Weg nach Wilmersdorf. Später wurde die Fasanen Str. 16 vom Erweiterungsbau des Hotels Kempinski geschluckt.

Nach dieser fürchterlichen weltweiten Menschheitskatastrophe, ausgelöst durch diesen unseligen Hitler, dem es gelang, eine ganze Kulturnation hinters Licht und damit an den Rand ihrer Existenz zu führen, begann sich das neue Leben in unserem zur Strafe total verwüsteten Land wieder langsam zu regen.

1945/46 begann nun auch für mich halb verhungerten 11-jährigen ein Nachkriegsleben. Dieses Nachkriegs Deutsch land endet für mich eigentlich erst 1954/55 mit meiner ersten spannenden Auslandsreise nach Marokko. Wer weiß denn noch, dass Deutsche damals noch 10 Jahre später für jedes Land, Monate lang auf ein Visum warten mussten.

Zurück zu meinen neuen Freunden und Trümmer-Spiel-gefährten. Da ich ja schon vorher mit Kika am Ku'damm war, konnte ich sie leicht überreden, einen Ausflug zum Zoobunker zu machen. Wir marschierten zu Dritt los. Die Kaiserallee runter zur Joachimstaler, an der rechts vom Ku'damm gelegenen zerstörten Kaiser Wilhelm Gedächt-nis Kirche vorbei. Von weitem sahen wir schon das fen-sterlose Geripppe des Bahnhofs Zoo, es sah aus wie ein großes, bedrohliches Gespenst ohne Augen. Vorsichtig schlichen wir durch den völlig verwüsteten Zoologischen Garten, suchten das nicht mehr existierende Aquarium, welches ich 2 mal mit Vater besucht hatte. - Nichts - Nur Wüste und Trümmer. Dann rüber zum großen Flak Zoo-bunker mit seinen 4 Türmen, um den rund herum Schüt-zengräben ausgehoben waren. Die großen Eisentüren wa-ren aber geschlossen, unmöglich da reinzukommen. Also blieb uns nur noch der kleine Zoobunker mit dem Horch-gerät, der eine S-Bahn Station weiter am Bahnhof Tiergarten stand. Hier waren die Türen aufgesprengt und wir konnten rein. Es stank bestialisch nach verbranntem Fleisch, alles war schwarz und total verkohlt. Es gehörte schon eine gehörige Portion Mut dazu, sich in der Dun-kelheit, über die mit Asche bedeckten Treppen hinauf zu tasten. Die Sowjets hatten den Bunker voll verwundeter Soldaten, man spricht von Tausenden, brutal mit Flam-menwerfern ausgeräuchert. Von diesen Kriegsverbrechen wurde nie gesprochen. Es gab angeblich keine Überlebenden. Wir hielten tapfer unsere Pullis und Hemden vor Nase und Mund und kämpfen uns wagemutig Etage um Etage nach oben. Völlig benommen vom dem verbrannten Leichengestank erreichten wir kurz vor der oberen Dachplattform 3 noch völlig unversehrte Etagen. Man muß wissen, die Bunker waren glaube ich ca. 5 Stockwerke hoch. Wir fragten uns, vielleicht hat es hier doch Überlebende gegeben? War nach dieser Tragödie überhaupt schon jemand hier gewesen? Wir stürmten rauf an die frische Luft. Während wir durchatmeten, tat sich ein 360° Blick über die gigantische Trümmerwüste Berlins auf. Ich sehe dieses Bild noch heute vor mir - es erstreckte sich über den gesamten Tiergarten bis zum Brandenburger Tor und in der anderen Richtung zum heutigen Reichskanzler Platz. Wir wetteiferten damit heile Häuser zu erspähen, es gab keine. Das unter uns gelegene Bellevue Viertel war ein einziger Trümmer - haufen. Nachdem wir lange frische Luft getankt hatten, durchstöberten wir die oberen intakten Räume des Bunkers und zu unserer Überraschung fanden wir u.a. eine kleine Kiste voller Orden! Davon alleine über 20 Eiserne Kreuze. Scheinbar war doch noch niemand vor uns hier oben gewesen! Brüderlich teilten wir die Orden unter uns auf, denn wir wussten, bei den Tommies gab es dafür jede Menge Schokolade und Kaugummis. Nachdem wir uns, Nase und Mund schützend, wieder die Treppen runter getastet hatten, machten wir uns triumphierend mit unserer Beute auf den Heimweg. Zu dieser Zeit starteten die Westalliierten die berühmte „Aktion Storch", um die vielen unterernährten und kranken Berliner Kinder vor dem sicheren Tod zu retten, da immer noch der Hungertyphus und die Ruhr grassierte. Von dieser Kinder Aktion habe ich nie wieder ein Wort gehört. Wer weiß denn noch, wieviel die Westalliierten damals alles unternommen haben, um wenigstens die Kinder Berlins am Leben zu erhalten! Dieses ist auch einer der Gründe, warum ich später die Linken Studenten in Westberlin nicht verstand, die ja erst den Amerikanern ihre Freiheit verdankten, die gegen Amerikanische Präsidenten auf die Strasse gingen und „Ami go Home" an Häuserwände schmierten. Man sollte doch annehmen, dass Studenten einigermaßen gebildet sind und die Geschichte kennen. Nein, wie man heute weiß, ließen sich die Anführer von den Kommunisten drüben finanzieren und missbrauchen. Mich beschleicht das dumme Gefühl, dass linke oder neuerdings auch wieder rechte Spinnereien eine Renais - sance erfahren könnten. In einem Teil unseres wieder vereinigten Landes klingt der linke Spuk zwar langsam ab, aber er wandelt sich peu a peu in einen Rechten!

Meiner Meinung nach sind Linke und Rechte, so komisch es klingt, wie 2 Stiefbrüder, sie haben die gleiche Mutter, aber 2 verschiedene Väter. Europa kann heute von einer glücklichen Fügung sprechen, dass das Experiment Kommunismus und dessen Ableger Sozialismus, eine neue Gesellschaft zu bilden, bis jetzt gescheitert ist! Mit den 68- zigern erreichte dieses Experiment in West Deutschland seinen Höhepunkt. Jeder der damaligen „Linken Studenten" und den so genanten „Intellek - tuellen". hatte seine rote Mao Bibel in der Tasche und sie grölten in riesigen Demos „Ho, Ho, Ho chi Minh". Sie wollten schlicht ein linkes Land! Intellekt schützt sowieso nicht vor Dummheit. Den Beginn dieser Revolten erlebte ich schon in Paris 1967, bevor diese nach Deutschland übersprang. Einer ihrer Linken Initiatoren und maoisti - schen Anarchisten, der sich heute geläutert gebende Herr Cohen-Bendit, der rote Europa Abgeordnete im Grünen Schafspelz, dieser Wichtigtuer sitzt heute als hoch be - zahlter Europa Politiker in Straßburg, ich finde, es ist zum kotzen.

Zurück zur „Aktion Storch". Jeder Berliner Mutter teilte man 5 Kinder zu und wir wurden in einem alten, saube- ren, wie neu aussehenden Lazarettzug mit blütenweißen Betten in das von den Kanadiern besetzte Friesland ge- bracht, das zur britischen Zone gehörte. Die Kinder aus dem Amerikanischen Sektor kamen nach Bayern und die aus dem Französischen in die französische Zone. In dem vom Krieg verschont gebliebenen Friesland brachte man uns auf großen kanadischen Armeelastwagen nach Au- gusten 1. - Tiefstes Land. Ich hatte mal wieder Glück und kam auf einen Bauernhof, dessen Bauer den schönen Namen Heie Heien hatte. Meine kleinen Brüder mit Mutti wohnten nebenan bei einer Familie Garrett, die keine Bauern waren. Ein paar Häuser weiter wohnte ein Berliner Mädchens namens Christa, die spätere Frau von Wolfgang Gruner, dem Kabarettisten von den Berliner Stachelschweinen. Sie war meine erste kleine Berliner Freundin, die ich später bei den Stachelschweinen in der „Ewigen Lampe", wieder traf. Der Bauernhof lag an einer schnurgeraden langen Straße hinter der rechts und links, bis zum Horizont ein Moorwasser Kanal entlang lief. Meine Bäuerin war eine liebe alte Frau. Sie mästete mich von Anfang an und gab mir den Tipp, doch bitte jeden Tag in aller Frühe, bevor die Milchkannen abgeholt werden, die oben schwimmenden Butterklumpen heraus zu fischen und zu essen. So erholte sich der kleine, 12 jährige, ausgemergelte Junge aus Berlin ziemlich schnell und nahm in 10 Monaten überdurchschnittlich viel zu! Ich lernte u.a. mit einem Butt Aale zu angeln, doch meine Lieblingsbeschäftigung war täglich das Hochmoor zu erkunden. Hier wurde Torf gestochen und gestapelt und es gab eine Menge Fasanen die meinen Jagdinstinkt weckten. Aus der Astgabel einer Weide und roten Gummi - ringen der Einmachgläser bastelte ich mir eine Eisenschleuder, denn in Friesland findet man kaum Steine. Meine Munition in Form aus Gusseisen besorgte ich mir in einer stillgelegten Eisenhütte in Augustfehn 3. Tagelang pirschte ich auf der Fasanenjagd durch das Hochmoor, leider immer ohne Erfolg.

Während des Winters lernte ich mit holländischen Schlittschuhen auf den zugefrorenen Grachten und unserem Kanal das Schlittschuhlaufen. Da die Bauern auf dem Land damals alles hatten, kamen ein- zweimal monatlich, die Bremer und die sogar weiter wohnenden Hamburger, um zu hamstern. Die Erfolgreichsten hatten „Echten Schwarzen Tee" oder Solinger Messer, um diese gegen Schinken, Wurst, Butter und Eier zu tauschen, so überlebten auch die Städter. Dann, im Frühjahr, durfte ich mit ins Hochmoor, um das Torfstechen zu erlernen. Richtig gut erholt, nach glücklichen 10 Monaten kam der Abschied und dieses Mal ging es mit Bussen zurück nach Berlin.

Hier fuhren schon wieder die ersten Strassenbahnen. Unsere Liebe, alte Kika hatte ein Kunststück vollbracht. Unsere Wohnung glänzte und war wie neu. Von dem Einschlag der Panzergranate in den vorderen Räumen war nichts mehr zu sehen. - Was hätten wir Jungs, was hätte vor allem unsere Mutter ohne Kika gemacht? Eigentlich war sie eine Heilige, dessen waren wir uns später alle einig und jedes Mal, wenn ich heute nach Berlin komme, besuche ich noch ihr Grab.

Nun ging es mit der Schule los. - Ganze drei Jahre hatte ich seit 1944 verloren. Zuerst kam ich zur Schule in der Pfalzburger Straße. Einige Wochen später schon der Wechsel zur Schule am Nikolai Platz, die sofort meine Lieblingspenne war. Hier bekamen wir jeden Tag die von den Engländern organisierte Schulspeisung. Süße, dicke Haferflocken oder Grießbrei mit Rosinen und vor allen Dingen, das werde ich nie vergessen, die dicken Scheiben von einem 2000 Gramm schweren englischen Weißbrot. Eine Delikatesse nach dem Russenbrot. Nach einer Weile organisierte Mutter meinen erneuten Wechsel in ein Gymnasium in der Gasteiner Strasse, genannt die 15. Schule. Es war das ehemalige Goethe Gymnasium. Laut Besatzungsmacht durfte damals keine der Schulen die Namen großer Deutscher tragen! Die Schulen wurden einfach nummeriert. Es war ein Teil der Umerziehung! Es dauerte einige Jahre bis unser Gymnasium wieder Goethes Namen tragen durfte.

Die Zeit der Trümmerbeseitigung und der berühmten Trümmerfrauen hatte begonnen. Um Mutti etwas zu unterstützen, begann ich nach der Schule Ziegelsteine vom Mörtel abzuklopfen und stapelte diese anschließend am Strassenrand. Für 1000 Stück gab es 10 Mark Besatzungsgeld. Die Männer waren ja meistens im Krieg geblieben. Vom Jahrgang 1922 überlebten nur ganze hunderttausend Männer. Eines Tages stand Vater vor der Tür um mich abzuholen. Meiner Mutter passte das garnicht und sie hasste ihn dafür. Erst an diesem Tag erfuhr ich, daß ich ihm bei der Scheidung zugesprochen wurde. Schließlich fand sich Mutter damit ab und meinte, dass es vielleicht besser so wäre, denn er würde bestimmt schnell wieder Geld verdienen. Also zurück auf meinen alten Kiez am Ku'damm. Vater wohnte jetzt 2 Strassen weiter in der Grollmann Strasse 32 bei einer geschie - denen Frau Neumann, die einen kleinen Sohn hatte. Diese Frau sollte zu allen Unglück bald meine Stiefmutter werden, sie hasste mich von Beginn an und machte mir das Leben zur Hölle. Auf meinem Gymnasium durfte ich bleiben und so fuhr ich jeden Morgen den langen Weg mit der Linie 51 durch die Uhland Strasse zu meiner Penne in die Gasteiner Strasse. Wir schreiben das Jahr 1948, das Jahr der Währungsreform. Die D Mark wurde geboren. Jeder bekam 40.- DM. Aber 1948 war auch das Jahr der Berliner Blockade und nicht zu vergessen, der ersten Olympischen Spiele nach dem Krieg in London, damals allerdings noch ohne deutsche Beteiligung.

In diesem geschichtsträchtigen Jahr hatten die alliierten Stadtkommandanten eine super Idee. Sie organisierten für die Berliner Jugend zwischen 10 und 18 Jahren die berühmte „RIAS OLYMPIADE". Schon Wochen vorher fanden in den Sektoren, in sämtlicher Schulen und Vereinen, Ausscheidungskämpfe in den olympischen Disziplinen statt, ausgenommenen der Schwerathletik, Reiten, Segeln ect. Eine tolle Sache! - Ebensowenig, wie über die „Aktion Storch", wurde später auch nie mehr über die Rias-Olympiade berichtet. Für mich unverständlich!

Diese beiden lebenserhaltenen, aufbauenden, positiven Ereignisse. Es waren zu dieser Zeit doch nur 2 bis 3 Jahre nach diesem fürchterlichen Krieg vergangen. Unser Land stand damals noch lange außerhalb der Völkergemeinschaft! In Berlin grassierte immer noch der Hungertyphus und die Ruhr. Die Westalliierten unternahmen zu dieser Zeit wirklich alles erdenkliche um uns wieder aufzupäppeln! Ganz anders als die Sowjets unter Stalin, die nichts anderes im Sinn hatten, Gesamtdeutschland, mit Hilfe der 1946 gegründeten SED, unbedingt zu einem kommunistischen Staat zu machen.

Die Wettkämpfe fanden mit allem Drum und Dran, im Olympiastadion und im benachbarten Schwimmstadion statt. Sie dauerten zehn Tage. Es gab Gold, Silber und Bronzemedaillen, die natürlich nur aus Trompetenblech waren, aber dazu erhielt jeder eine Urkunde und das war sehr wichtig, denn jeder Gewinner einer Goldmedaille erhielt ein Care-Paket, damals unbezahlbar! Die Siegerehrungen fanden im Olympiastadion vor 100.000 begeisterten Kindern und Eltern statt. Ich schwamm als Schlussschwimmer in der Klasse der 14 bis 15 jährigen für meine 15. Schule die 50 m Kraul Staffel und wir gewannen im Endlauf der 8 Staffeln die Goldmedaille. Die Siegerehrung fand im überfüllten Olympiastadion statt. Alle Eltern und Kinder waren da, außer meinem Vater und meiner zukünftigen Stiefmutter. Auf dem Siegerpodest wurden uns die Medaillen von dem damaligen Ringer Weltmeister Hans Schwarz jun. überreicht. Alleine unsere Schule gewann 10 goldene, 12 silberne und 6 bronzene

Medaillen. Es gab nur ein Verein der mehr Medaillen gewann, ich glaube es waren die Neuköllner Sportfreunde. Unser Star hieß Freddy Klempke, der 18 jährige fast 2 Meter große Oberprimaner. Seiner Familie gehörte das Berliner Kindle, Ku'damm Ecke Joachimstaler Strasse. Er alleine gewann 7 Goldmedaillen im Schwim - men. Nach den Spielen holte ich mir zu Fuß bei den Amerikanern in Zehlendorf mein Care-Paket ab. Darin befand sich alles, was es nur auf dem Schwarzen Markt nur für teures Geld gab. Kaugummi, Luxusseife, Ziga - retten, richtiger echter Bohnenkaffee, Kakao und viele andere nützliche Dinge. Vater und meine zukünftige Stiefmutter, freuten sich darüber, aber Dank der Frau Neumann bekam ich davon nur ein paar Kaugummis und etwas Schokolade.

Diese Frau wurde zu meiner Intimfeindin und hetzte Vater pausenlos gegen mich auf. Stiefmütter aus Grimms Märchen waren dagegen Feen. Ihr Plan, mich für ihren kleinen 10 Jahre jüngeren Sohn Rolf aus dem Haus zu treiben, was ihr später durch eine unglaublich perfide Geschichte gelang. - Dazu später.

Ich weiß noch, dass ich es morgens nicht erwarten konnte so schnell wie möglich das Haus zu verlassen, um zur Schule zu gehen. Wenn Vater nicht da war, traute ich mich kaum nach Hause. Dreimal riss ich sogar aus und schlief in einer Sandkiste am Oliver Platz. In endlosen, heimlichen Gesprächen bekniete ich meinen Vater mich nach Westdeutschland in ein Internat zu schicken. Vater war geschäftlich wieder auf die Beine gekommen und hatte einen Lebensmittelgroßhandel aufgezogen, er belieferte Geschäfte und Markthallen. Im gleichen Jahr 48 errichteten die Sowjets damals die unrühmlich gewordene „Berliner Blockade". Dabei verlor Vater in der Zone zwischen Hamburg und Berlin, gleich am ersten Tag der Blockade, einen voll mit Butter beladenen neuen Kühl - Lastzug. Die Folge war eine Insolvenz und dadurch nahm auch mein späteres Schicksal seinen Lauf. Die Anerkennung, die man vor allem als Knabe braucht, holte ich mir bei meinen Klassenkameraden und am leichtesten fiel mir das im Sport. Als ich einmal mit meinen gerade mal 14 Jahren einen 17 jährigen verprügelte, bekam Vater einen blauen Brief und darauf steckte er mich in die „Olympia Boxschule" von seinem Freund Heinz Seidler, 1936 Goldmedaillengewinner im Halbschwergewicht. Seidler boxte damals noch aktiv. Neben der Schule trainierte ich nun jeden Tag hart, es machte mir viel Spass, denn ich dachte dabei immer an den ersten amerikanischen Film, den ich 1947 mit Errol Flynn sah. Er spielte den Schwergewichts Weltmeister Jim Corbett als „Gentleman Jim" oder „Der freche Kavalier". Er wurde mein Boxer Vorbild. Beinarbeit und den Gegner aus - stanzen zu können ist das Wichtigste, dann beherrscht man jeden Schläger. Fast alle Boxer mit Rang und Namen trainierten damals in der Olympia Boxschule Seidlers.

Gerhard Hecht, unvergessen sein spätere Kampf in der Waldbühne gegen Sugar Ray Robinson, Fritz Garmeister, Hans Stretz, Dr. Rudi Pepper, der Leberhaken Spezialist, Dieter Hucks und ab und zu Conny Rux. An Dieter Hucks, „Den Hufschmied vom Niederrhein", erinnere ich mich noch sehr gut, weil er während des Trainings, nach 12 Runden ohne Pause, einen schweren Sandsack aus der Deckenverankerung geschlagen hatte. Hucks gewann fast jeden Kampf durch KO. Unvergessen der Kampf in der Waldbühne zwischen Hucks und Garmeister, indem er trotz beider gebrochener Mittelhand Knochen nur knapp verlor.. Bald wechselte ich in die Boxabteilung des Ku'damm Vereins Tennis Borussia, dessen Trainer Werner Handke hieß, Deutscher Meister im Leichtgewicht. Er lehrte uns die feine Technik des Boxens. Vereinsmitglied war auch Dieter Wemhöner, der damals schon Berliner Weltergewichts Meister war, sehr viel später wurde er Trainer der deutschen Box Amateur Nationalmannschaft. Obwohl ich noch nicht das Weltergewicht brachte, durfte ich schon mit Wemhöner sparren. Wir trainierten immer mit 12 Unzen Handschuhen, und er war es, der mich das einzige Mal während eines Trainings ausknockte. Kurz bevor ich endlich ins Internat kam, machte ich noch als kaum 15 jähriger meinen ersten und einzigen Amateur- kampf im Junioren Weltergewicht. Das Turnier fand aus der Kombination der stärksten Boxvereine Berlins, zwischen Tennis Borussia/Hertha BSC und den Neu -

köllner Sportfreunden/Spandauern SV statt. Der Kampf-
abend wurde von dem bekannten Profi Ringrichter Otto
Nispel geleitet, einem Freund meines Vaters. Der Box
Abend begann ziemlich turbulent, fast wäre aus meinem
ersten Kampf nichts geworden. Fürs Junioren-Welter-
gewicht brachte ich schlicht ein paar Gramm zu wenig
Gewicht auf die Waage, denn jeder Boxer wurde wie
üblich vor einem Kampf gewogen. Sofort stopfe mir Vater
im Restaurant ein großes Eisbein rein, was ich wie immer
mit Heißhunger verschlang. Der Box Abend fand in der
ausverkauften Halle der Berliner Schützen Brauerei in
Neukölln statt. Vom Verein war ich fest als Sieg Boxer
eingeplant, da ich für mein Alter schon ziemlich groß und
sehr schnell war, wie mein Trainer beteuerte. Als Regel
galt, wer seinen ersten Kampf macht, bekommt einen
gleichwertigen Gegner, der auch nur ein, zwei Kämpfe
hinter sich hat, sprich einen Anfänger. Jedenfalls hatte
man mich zum Favoriten erklärt und so war ich voller
Selbstvertrauen. Als ich mit Werner Handke in den Ring
stieg, betrat zur gleichen Zeit mein Gegenüber die Matte.
Er war ein untersetzter, nur aus Muskeln bestehender Typ.
Ein ungutes Gefühl beschlich mich. „Unsicher zu werden,
ist das Schlimmste, was einem Sportler passieren kann.
Meistens hat er dann schon verloren", sagte mir noch
kurz vor dem Kampf ein wohlmeinender Klubkamerad.
Der Ringrichter Otto Nispel, der die großen Profi kämpfe
leitete, rief uns zur Ringmitte, fragte an mich gerichtet,

väterlich: „Wieviel Kämpfe habt ihr, wie alt seid ihr und was ist euer Beruf?“: „Ich bin Schüler, werde bald 15 und mache meinen ersten Kampf“. Der Spandauer blähte seinen Brustkasten auf, sah mich ziemlich geringschätzig an und antwortete mit seiner Stimmbruch Stimme: „Ich bin 16, Schlachterlehrling, mache meinen 5. Kampf, habe alle Kämpfe gewonnen und ich trinke jeden Tag einen Liter Ochsenblut“. Nachdem Otto Nispel uns ermahnt hatte sauber zu boxen, drehte der Spandauer sich um und stolzierte, vor Kraft nicht laufen könnend, in seine Ring -ecke. Das war's für mich! Schlagartig packte mich die reine Panik, ich wollte nur noch aus dem Ring. Mein Trainer merkte natürlich was los war, er drückte mich auf den Ringhocker und hielt mich dabei regelrecht fest und sprach mit ruhiger, eindringlicher Stimme: „Junge, du bist größer, hast ‚ne längere, ausgezeichnete Linke, eine tolle Rechte und bist sehr schnell und mein Junge, du weißt es!! Ich wette, den haust du um“. Dann ertönte auch schon der Gong. Er zog mir den Hocker unterm Hintern weg und schubste mich in den Ring. Vor lauter Angst boxte ich eine Runde lang nur mit meiner schnellen Linken, die wie ein Florett kam und tanzte den Spandauer aus, um ja diesen Muskelprotz auf Distanz zu halten. Aufgrund meiner überlegenen Reichweite und meiner schnellen Beine traf er zu meiner Verwunderung nur ab und zu meine Deckung. Im Gegenteil, der Spandauer blutete stark aus der Nase, da er immer wieder gegen meine gestochen gerade Linke rannte und das Boxen begann langsam Spaß zu machen und ich wurde sicherer. Nach dem ersten Gong klopfte mir Werner Handke anerkennend auf die Schulter und sagte nur einen Satz: „Wo bleibt deine Rechte, Junge"? - Seine Stimme klang zu mir, übertönt durch ein fernes Rauschen aus dem rauchgeschwängerten, überfüllten, brodelnden Saal der Schützen Brauerei. Dann der Gong zur 2. Runde. Siche - rer, boxte ich bis zur Hälfte der Runde weiter nur mit der Linken, meine Nervosität legte sich langsam und gegen Ende landete ich einige rechte Hände. Mein Gegner traf nur meine Deckung, da er seine Schwinger zu weit herholte, so konnte ich sie rechtzeitig abblocken oder austanzen. Die Halle tobte, die Leute schrieen und die Sympathien der Menge waren auf meiner Seite. Der Spandauer blutete stark, sodass der Ringarzt in der Pause bemüht wurde und der Kampf stand kurz vor dem Abbruch. In der 3. Runde musste er noch einige schwere Rechte nehmen, die ihn ins Straucheln brachte. Ich gewann haushoch nach Punkten. Die Halle tobte und Vater war anschließend richtig stolz auf mich.

Ein paar Tage später zeigte Vater mir seine neue Lager-halle für sein Großhandelsgeschäft, die sich unter dem S-Bahnbogen der Grollmann Strasse befand. Es war der ehemalige Tattersall. Nebenan lag eine Kneipe, in der er mit einem Franz Diener und noch jemandem verabredet war. - Franz Diener war neben, Walter Neusel und Max

Schmeling einer der Großen der deutschen Schwerge-wichtsboxer. Vater kannte sie alle. Damals half Vater Franz Diener diese Kneipe zu pachten. Ich futterte gerade mein riesiges Eisbein mit Erbsen Püree, als sein anderer Freund hereinkam. Max Schmeling, unser Schwerge-wichts Weltmeister von 1932, ich war völlig aus dem Häuschen, Schmeling unser Idol, natürlich bat ich ihn sofort um ein Autogramm und ich konnte mich kaum beruhigen, ich war stolz wie Oskar mit ihm am Tisch zu sitzen, was für eine Geschichte für meine Freunde in der Schule.

Anschließend erzählte mir Vater, dass meine Mutter in ihren Hamburger Tagen mit Max befreundet gewesen sei. Er habe meine Mutter aber trotzdem bekommen und sie sind dann gemeinsam nach Berlin gezogen. Max Schme-ling war ein Jahr älter als Vater. Mutter bestätigte mir später die Geschichte und zeigte mir eine Postkarte, die Max ihr aus den USA geschrieben hatte. Ich glaube, meine Mutter muß eine ganz Lustige gewesen sein.

Wochen später brachte mich Vater endlich nach West-deutschland ins Internat, weit entfernt von dieser fürch-terlichen, bösen Frau. Zuerst sollte ich nach St. Blasien kommen, aber Vater wollte keine katholische Schule, dann nach Salem, aber dort gab es nur gemischte Klassen mit Mädchen, auch dagegen war er. Die Wahl fiel schließlich auf ein angeblich strenges, reines Jungen Internat, das Ernst Kalkuhl Gymnasium in Oberkassel in der Nähe

Bonns. Diese Schule war das Beste, was mir passieren konnte! Eine Schule in der Zucht und Ordnung herrschte und hier wurde uns von Anfang an beigebracht unser zukünftiges Leben nach dem kategorischen Imperativ Kants auszurichten! Dazu hatten wir tolle Lehrer.

Heute noch denke ich gerne an diese Zeit zurück. Kalkuhl wurde fast 3 Jahre lang zu meinem neuen Zuhause, leider viel zu kurz. Anfangs waren wir nur ca. 30/40 Internatsschüler, dazu kamen nochmal doppelt so viele Externe. Das Internat wurde vom alten Direktor Dr. Heel geführt, einem Freund von Dr. Konrad Adenauer, der noch im gleichen Jahr Deutschlands erster Nach-kriegskanzler wurde. Dr. Heel unterrichtete die Unter-und Oberprima und lief bei uns unter dem Spitznamen „Menne". Sein Sohn, KF Heel jun. „Kinderfresser" genannt, weil er umheimlich streng war, unterrichtete die mittleren Klassen. Es gab 3 Erzieher, Inspektoren genannt, welche sich in der Freizeit um uns kümmerten und die Schularbeiten beaufsichtigten. Vater wollte, dass man mich gleich in die Quarta steckte und ich durch viel Büffeln und Nachhilfe dann sofort die Versetzung in die Untertertia schaffe. Im humanistischen Gymnasium in Berlin hatte man in den ersten beiden Klassen nur Latein und Griechisch, wobei im neusprachlichen Kalkul Gym-nasium erstmal nur Latein und Englisch, dann Fran-zösisch unterrichtet wurde.

Innerhalb zweier Schulquartalen holte ich 1 1/2 Jahre

Englisch nach und schaffte den Sprung in die Untertertia. Unter uns Jungen herrschte eine Art Klassengesellschaft. Die „Kleinen" waren die Sextaner und Quintaner, dann kamen die Quartaner, Unter- und Obertertianer, anschlie - ßend die Oberstufe, die mit der Untersekunda begann und bis rauf zur Oberprima ging. Ab der Oberstufe wurden die Schüler gesiezt. Jetzt in der Untertertia begann der Französischunterricht, abgehalten von unserem neuen Klassenlehrer Dr. Schröder. Wir liebten unseren Dr. Schröder. Ein großer, gut aussehender, vornehmer Mann, der während des Krieges in Paris Verbindungsoffizier beim Oberkommando des Heeres zwischen Heer und Marine war. Das OKH befand sich in der Avenue Kleber im Hotel Majestic. Exakt in diesem Hotel, war später in meiner 5 jährigen Pariser Zeit von 1962 bis 1967, der Drehort des Films „Martin Soldat" mit Robert Hirsch, Regie Michel Melville, in dem ich eine kleine Rolle als deutscher Offizier spielen durfte.

Unter Dr. Schröder wurde Französisch mein Lieblings - fach und diesem Lehrer danke ich meine Liebe zu Frankreich und es hat mein späteres Leben entscheidend beeinflußt, so wie die gesamte Internatszeit das Beste war, das Vater mir mitgab! Dr. Schröder sprach natürlich Französisch sans accent und das versuchte er uns mit allen Mitteln beizubringen! Nur keinen Deutschen Akzent, der war zu dieser Zeit der hässlichste aller Akzente. Daran wurde ich später 1963 während meiner

77

Pariser Zeit einmal peinlich erinnert. Franz Josef Strauss gab damals den 2 Chef Moderatoren der „Antenne Deux" sein berühmtes Inteview auf Französisch, Strauß sprach außer Latein und Bayrisch auch Französisch fließend. Damals, vor dem Fernseher in Paris, im Kreise mit französischen Freunden war es für mich eine Qual ihm zu zuhören. Nächsten Tag, in aller Frühe rief ich sofort die damalige CSU Zentrale in der Lazarettstrasse in München an und schimpfte wie ein Rohrspatz auf seine Berater: „Ob sie wohl verrückt geworden seien, Strauss im Französischen Fernsehen französisch sprechen zu lassen. Er stelle für die Franzosen die perfekte Inkarnation eines „Deutschen Bosche" eines „Tete de Lard" „Speckkopf" dar, französische Schimpfworte für Deutsche. Zudem sah er ja nicht gerade blendend aus und dazu kam eben sein schlimmer, gutturaler, bayrischer Akzent! Es war garnicht nicht komisch, denn die Wunden des Krieges waren noch lange nicht verheilt. Dazu kam, dass jeder, der damals mit einem deutschen Akzent sprach sofort als Nazi betitelt wurde, das war damals an der Tagesordnung. 1962, als ich mehreren Besuchen gültig nach Paris zog wurden fast ausschließlich antideutsche Kriegsfilme gedreht und die SS Offiziere sprachen genau diesen schlimmen deutschen Akzent.

Später, Anfang der 70er Jahre zurück in München lernte ich F.J. Strauss im Prasser Bad am Tegernsee kennen, er wohnte ja in Kreuth. - Darauf angesprochen, erinnerte er sich sofort an einen diesbezüglichen Anruf aus Paris. Er hatte vollstes Verständnis für meinen Anruf und ich wurde einer seiner Fans und das sollte sich später in München für mich auszahlen. Im Flachs nannte er mich sogar einmal seinen „Lieblingspreussen".

Im Internat hatte der Sport große Priorität. Bald wurde ich der Cicerone meiner Klasse, da es sich im Internat schnell herumsprach, dass ich ein exzellenter Boxer sei. - Die Kehrseite der Medaille, ich war der Einzige, der kein Taschengeld bekam, man glaubt es kaum, aber dafür sorgte Frau Neumann in Berlin. Meine Klassenkame - raden, alles Jungs aus wohlhabenden Familien, wussten Bescheid, sie luden mich bei Klassenausflügen oft zu einer Tasse Kaffee oder einem Eis ein und schenkten mir ihre getragenen Klamotten und ich beschützte sie gegen die stärkeren der höheren Klassen. Durch meine Inter- natszeit hangelte ich mich über meine besten Fächer wie Sport, Französisch, Englisch, Geo, Bio, Geschichte. Rückblickend durchlebte ich diese herrliche Zeit, wie im Film „Die Feuerzangbowle", voller Streiche und Mut- proben, die so manches Mal an den Rand des Schulverweises führten. Zweimal war ich vor lauter Angeberei mit solchen Mutproben zu weit gegangen, was mir jedes Mal die verschärfte Form des „Brummens" einbrachte. Mit dieser Strafe brachte man die jungen Heißsporne zur Raison und die zu Faulen zum Lernen - pädagogisch eine exzellente Sache, wie ich heute weiß!

„Brummen 1" hieß : Freitags nach dem Unterricht bis zum Abend - Appel und dann anschließend bis 22 Uhr nachsitzen und büffeln, außerdem durfte dann der Schüler am Wochenende nicht nach Hause fahren. Für die Muttersöhnchen eine schlimme Strafe.

„Brummen 2" nicht nur Freitags, sondern auch den gesamten Samstag nachsitzen und büffeln. Schaffte man den Stoff nicht, wurde dieser unter der Woche in dem freien Stunden unter Aufsicht nachgeholt, also kein Sport oder Fußball.

„Brummen 3" die schärfere Form. Freitag, Samstags und auch Sonntags, aber ein Quartal lang! Bei ganz üblen Vergehen, zusätzlich die Prügelstrafe, die mich einmal in seiner härtesten Form traf. Bei mir ließ der Erfolg nicht lange auf sich warten, denn ich wurde einer der besten Schüler der Klasse. Unser unerreichbarer Primus war ein Externer aus Oberkassel. Außer im Sport hatte er nur Einser im Zeugnis. Später wurde er ein höherer Beamter. Für mich gab es aber während der Brumm - Wochen - enden ab und zu eine Ausnahme, da ich nämlich ein unverzichtbarer Fußballer war. Unser Internat trat im Fußball regelmäßig gegen andere Schulen an, wie z.B. gegen das Pedagogium in Godesberg, kurz „Peda" genannt oder gegen das Aloysius Kolleg, bekannte Internate auf der gegenüber liegenden Rheinseite. Die Ehre der Schule und der Sport hatten einen großen Stellenwert.

Unvergessen der 14. August 1949, wir machten einen Klassenausflug auf die andere Rheinseite zur Godesburg nach Bad Godesberg. An diesem denkwürdigen Tag wurde unser Dr. Konrad Adenauer mit einer Stimme Mehrheit, nämlich seiner eigenen, zum ersten deutschen Bundeskanzler gewählt. Wir waren mächtig stolz, schon weil er mit unserem „Menne" befreundet war. Auf seinem Weg nach Bonn fuhr Adenauer damals jeden Morgen Punkt 8:00 Uhr in seinem 300 Mercedes von Rhöndorf aus kommend, an unserem Internat vorbei.

Die Geschichte hätte sicher einen anderen Verlauf genommen, wenn die Sozialisten unter Dr. Kurt Schumacher diese wirklich knappe Wahlentscheidung gewonnen hätten! Dr. Schumacher wollte ein neutrales Deutschland mit der schnellen, von den Sowjets in Aussicht gestellten Wiedervereinigung, anstatt einer Westbindung, wie es Dr. Adenauer wollte. Mit dem expansiven Kommunismus unter Stalin, der sich schon die Hälfte Europas einverleibt hatte, wäre es meiner Meinung nach für ein sozialistisch regiertes Westdeutschland fatal geworden, nicht nur für Deutschland, sondern dann auch für den Rest West Europas. Die SPD wollte damals dem Osten, mit dem verlockenden in Aussicht gestellten Wiedervereinigungsangebot folgen. Fakt ist, dass die Kommunisten bereits in Frankreich mit 40% der Stimmen schon die stärkste Partei stellten. Stalin hätte leichtes Spiel gehabt und ganz Europa wäre ihm in den Schoß gefallen. Durch Adenauers Wahl wurde so zuerst Westdeutschland und als Folge Westeuropa zum Bollwerk gegen den Kommu - nismus errichtet und die Amerikaner pumpten Geld nach Westeuropa. So entstanden zwei Machtblöcke, damals gegen den erbitterten Widerstand der SPD und deren Stimmen, was sich in den endlosen Bundestagsdebatten widerspiegelte. Die Geschichte hat hinterher die Richtigkeit dieser Weichenstellung bewiesen. Während meiner Pariser Zeit bestätigte mir der große Sozialdemokrat Professor Carlo Schmidt, den ich 1964 in der „Brasserie Lipp" kennen lernte: „Konrad Adenauer hatte mit seiner Westbindung absolut recht". Prof. Carlo Schmidt las Politik in Berlin, war im Vorstand der SPD und damals Präsident der westeuropäischen Union, er wäre fast Bundespräsident geworden!

Unsere Zukunft hatte mal wieder ihren Ursprung in der Vergangenheit. Vergesellschafter wie Marx und Engels als Urväter, hatten zu ihrer Zeit sicher Recht. Wenn es aber damals den von Moskau geführten Kommunisten, Karl Liebknecht, Rosa Luxemburg und Ernst Thälmann gelungen wäre, nach dem Versailler Friedensdiktat und dem in den 20er Jahren entstandenen Vakuum der Nachkriegswirren, der Wirtschaftskrise, der Arbeitslosigkeit und der Inflation, eine Räterepublik zu gründen, wie von Lenin befohlen, hätte es mit Sicherheit keinen Hitler gegeben, den und einige andere hätten die Roten gleich an die Wand gestellt. Bei den folgenden Aus -

einandersetzungen zwischen Rechts und Links, die in Berlin und München bürgerkriegsähnliche Zustände annahmen, behielten die Rechten die Oberhand. Sie verfolgten die kommunistischen Rädelsführer und meu - chelten sie ihrerseits. Deren Denkmal steht heute im Friedrichshain als Wallfahrtsort für die heutige „Linke" im Bundestag! Viele von den damaligen Rädelsführern konnten damals nach Moskau fliehen, wie z.B. die gesamte spätere Führung der DDR, von Ulbricht bis zum Stasichef Milke, der damals in Berlin 2 Polizisten erschossen hatte und wegen Mordes gesucht wurde. Noch heute gibt es im Regierungsviertel und im Osten unseres Landes viele Strassen und Plätze mit den Namen der Kommunisten, die im Auftrag Lenins, die Räterepublik gegen den Sozialdemokraten Scheidemann ausgerufen hatten, mit dem Ziel der Bolschewikis die kommu- nistische Revolution nach Deutschland zu exportieren. Die Geschichte wäre allerdings total anders gelaufen.

1934 geboren, konnten mich nach der Schulzeit in den Nachkriegs Aufbaujahren, die „Linken Chefdenker" nie überzeugen. Bekanntlich spaltete sich 1916 die Sozial- demokratie schon einmal in Sozialisten und Kommunis- ten. Die Sozialdemokraten Thälmann, Karl Liebknecht und Rosa Luxemburg, die öfters in Moskau waren, gründeten die KPD und bekamen ihre Befehle von dort, wie man weiß.

2005 gab es unter SPD Kanzler G.Schröder wieder solch

eine Spaltung. „Der immerhin vorher als Kanzlerkandidat nominierte Oskar Lafontaine" verlässt die SPD, um mit dem außerordentlich intelligenten und eloquenten Gregor Gysi die „Linke" zu gründen. Heute ist Gysi Präsident der „Europäischen Linken" und ein gern gesehener, intelligenter und witziger Gast in sämtlichen Talkshows. Gefragt nach seiner Kleinwüchsigkeit antwortet er umwerfend offen: "Da ich klein bin, sehe ich ja hinten nichts, deshalb muß ich mich immer in die erste Reihe stellen." Ich höre ihm gerne zu, aber er ist eben ein Kommunist, außerdem halte jede Wette, dass Oskar mit seiner Frau Sarah, die ja die Katze schon aus dem Sack gelassen hat, im einem zweiten Anlauf mit Hilfe der Jusos, dem linken Flügel der Sozis und der Grünen eine neue Linke aus der Taufe heben wird! Dann wird Gysi in der ersten Reihe ganz groß. Die Kommunisten sitzen in Deutschland wieder im Parlament und prompt ließen ihre rechten Stiefbrüder nicht lange auf sich warten. Sollte sich die Geschichte etwa wiederholen? - Nein, bitte nicht! Wehe uns, der soziale Frieden in Europa gerät heute nochmal in Gefahr, dann werden durch die Hintertür wieder ganz legal linke und leider auch wieder rechte populistische Bewegungen entstehen, die sich dann hoffentlich nicht wieder auf der Strasse bekämpfen! Viele von diesen komischerweise meistens Kleinwüchsigen, mit Ehrgeiz und überdimensionalen Geltungsbewusstsein ausgestatteten Politikern, die heute schon um den Geldtrog herum sitzen, warten nur darauf, dann dem dummen Volk auf's Maul zu schauen, um diesem ein „Neues Paradies" zu versprechen, wissend, dass sie dann von den „Dummen" ganz legal gewählt werden. -

Die Demokratie sollte aufpassen von diesen Leuten nicht missbraucht zu werden, aber wie Churchill schon fragte: „Kennen Sie eine bessere Regierungsform?" Ich meine nein, aber die Demokratie ist eine sehr anstrengende Staatsform. Soweit die Geschichte und deren Folgen. -

Selbstverständlich ist die heutige Linke mit den Kommunisten von damals nicht mehr zu vergleichen. Kreide gefressen haben sie heute teilweise einige vernünftige Vorstellungen - aber aus der Geschichte gelernt, traue ich den Linken nicht über den Weg, denn wer sich nicht an die Geschichte erinnern kann, ist verdammt sie zu wiederholen!

Zurück zu meiner Penne. Am Tag des Schulferienbeginns leerte sich die Schule sehr rasch und ich blieb alleine in der großen Anlage. Dr. Heel und KF wussten um meine Berliner Familienverhältnisse und nur deshalb konnte ich im Internat bleiben. Es fühlte sich wunderbar an, die große Anlage ganz für mich zu haben. In unseren großen, verwaisten Speisesaal saß ich nun am Tisch der Schulleitung gemeinsam mit der Familie Dr. Heel. Vormittags machte ich meine Schulaufgaben, die man uns in die Ferien mitgegeben hatte, anschließend erkundigte ich die

Umgebung Oberkassels. Jetzt ging ich öfters heimlich zum Rhein schwimmen. Ich beobachtete wie einige Jungen mitten im Fluss die stromaufwärts fahrenden Schleppkähne anschwammen, um sich dann mit Schwung und Routine auf einen dieser langen, großen, tief - fliegenden Kähne zu schwingen. Einmal an Bord fuhr man einige Kilometer stromaufwärts und liess sich dann wieder Rhein abwärts treiben.

Eureka, das war mein neuer Sport. In dem Moment, indem man die Bordwand eines niedrigen im Wasser liegenden Kahns ergreift, um sich mit einem Ruck an Bord schleudern zu lassen, vervielfacht sich die Strömung auf einen Schlag ums Doppelte. Das ist natürlich nicht ungefährlich, man kann auch zur Gaudi der anderen Jungs schon mal dabei seine Badehose verlieren. Es soll sogar tödliche Unfälle gegeben haben, bei dem jemand zwischen die Schleppseile gekommen ist. - Oft fuhr ich nun mit solch einem Schleppzug Kahn bis herauf nach Honnef, einige Male sogar bis zur Insel Nonnenwert auf der sich damals ein Mädchenpensionat befand. Durch die gewaltige Strömung ging es anschließend ziemlich schnell stromabwärts nach Oberkassel, hier trainierte ich dann immer mit der Strömung die exakte Ziellandung an der Stelle, an der meine Kleidung lag.

Nach den Ferien weihte ich den harten Kern meiner Klasse ein und die Operation Rhein begann unter dem Namen „Obst pflücken". Um heimlich das Schulgelände verlassen zu können, schnitten wir hinten am Fußball - platz, versteckt hinter einer langen Hecke, ein Loch in den Maschendrahtzaun. Es war natürlich strengstens ver - boten im Rhein zu schwimmen, da die Gefahr eines Unfalls zu groß war. Es kam aber nie heraus, wir waren eine verschworene Gemeinschaft und „Petzen" gab es nicht.

Zu meinem ersten „Brummen 3". - Meinen Mut zu be- weisen seilte ich mich nachts aus dem erstens Stock ab, um aus unserem Internatsgarten, der natürlich für uns tabu war und hinter einer hohen Mauer versteckt lag, ein paar Äpfel zu klauen. Nachdem unser Inspektor das Licht auf dem „Langen Gang" im ersten Stock ausgemacht hatte, wartete ich noch circa 2 Stunden bis nach Mitter- nacht. Es herrschte große Aufregung, keiner der ca. 20 Jungs in den Zimmern des „Langen Ganges" schlief. Ich seilte mich heimlich ab, schlich über den Schulhof, um unser Badehaus herum, zur hohen Mauer des Gartens. - Meine Beute ein Kopfkissenbezug voller saftiger Äpfel, welche ich auf die Zimmer verteilte.

Vormittags gegen 10:00 Uhr, außerplanmäßiges Sturm- läuten. Nach Klassen aufgeteilt mussten wir auf dem Schulhof in Reih' und Glied antreten, auch die Externen. An der Spitze der Lehrerschaft unser „Menne", gefolgt vom gefürchteten Heel jun. und den Inspektoren. „Menne" sprach von Vandalismus, Diebstahl und Sittenverfall, seine Stimme überschlug sich förmlich: Der dreiste Apfeldieb solle sich sofort melden. Wenn nicht, „Brummen drei" für's gesamte Internat. Das hatte gesessen, eine schlimme Sache ein Quartal lang kein Sport, keine Klassenausflüge und nicht nach Hause fahren zu dürfen. - Noch bevor sich die Blicke auf mich richten konnten, trat ich tapfer vor. Die Idioten hatten die Apfelkripse unter ihre Betten geworfen, wo sie die Reine machefrauen fanden. Dieses erste Brummen 3 war für mich der Aufstieg zum Zweitbesten Schüler der Klasse. Jedes Jahr zur Versetzung wurden im Internat die 3 besten ausgezeichnet. Unser Primus mit lauter Einsern war für uns außer Reichweite.

Das zweite „Brummen 3" in verschärfter Form war wesentlich herber, machte mich aber für die nächst - folgenden Schüler Generationen unvergesslich. Wir hatten einen äußerst gutmütigen Lateinlehrer Dr. Wagner, unseren „Koko". Ein grauhaariger, freundlicher, alter Herr. Als Student war „KoKo" der Leibfuchs von dem berühmten Robert Schumann, dem großen Elsässer, Franzosen und Europäer, der als erster, noch vor De Gaulle die Aussöhnung mit Deutschland anstrebte und durchsetzte. Genau in dieser Zeit 1950, schon 5 Jahre nach dem Krieg, wurde der berühmte Schumann Plan in Paris von 6 Staaten unterschrieben. Damit wurde der Grundstein für das heutige Europa gelegt. Wie immer freuten wir uns auf die Latein Stunde mit Koko, weil er uns die sehr lange Leine ließ. Es war die Karnevalszeit im

Rheinland. In der letzten Bankreihe sitzend, vor mir aufgebaut drei Donnerschläge, große Kracher, die mir einer meiner Klassenkameraden mit dem Hintergedanken geschenkt hatte, dass ich mich nicht traue diese während des Unterrichts zu zünden. Aus Angeberei spielte ich mit Streichhölzern und machte Anstalten die Kracher zu los gehen zu lassen: „Du traust dich nicht, du traust dich nicht" die übliche Herausforderung unter Halbstarken. Ohne lange zu zögern, ich verstehe es heute noch nicht, machte sie scharf und warf einen nach dem anderen Richtung Lehrerpult. In unserem kleinen Klassenraum gab es drei ohrenbetäubende Explosionen und unser lieber alter Koko wurde fast ohnmächtig. Kreidebleich fasste er sich an seine Brust und verließ wankend die Klasse. Gott sei es gedankt, unserem Koko ist damals nichts passiert.

Dieses Mal kam ich aber verständlicherweise nicht so einfach davon. Auf Kalkuhl gab es zu dieser Zeit, bei gravierenden Verfehlungen, wie erwähnt, zum Brummen 3 noch die Prügelstrafe, welche in sieben verschiedenen Stufen eingeteilt war - zu jeder Stufe gehörte ein verschieden langer, dicker Haselnussstock, also 7 ver - schiedene Stöcke. Nächsten Tag nach einer Lehrer - konferenz wurde ich in das Inspektor Zimmer zitiert und die Tortur begann. Ich erhielt die Höchststrafe - 7 x 7 auf den Hintern, Hose runter, mit durchgedrückten Beinen, Hände auf die Zehenspitzen, sieben mal jeweils drei wuchtige Schläge mit dem kräftigsten, dicksten und längsten Stock. Nach jedem dritten Schlag, 1 Minute verschnaufen. Die gesamte Penne wusste natürlich Bescheid und draußen war es plötzlich mucksmäuschenstill, nur das Zwitschern der Vögel war zu hören. - Klar, das ich erstmal die Zähne zusammenbiss und keinen Ton von mir gab und erst später, aus einer Mischung von Wut und Schmerzen, auf meinem Weg zum Zimmer die Tränen flossen.

Der Unterricht und das Essen im Speisesaal fiel für mich tagelang aus, da ich sprichwörtlich nicht mehr sitzen konnte! An diesem Abend, nach dem üblichen Nacht Appell, schlich ich auf unserem berühmten langen Gang im 1. Stock, von Zimmer zu Zimmer und zeigte den Jungs meinen wunden Allerwertesten. Mein Po war grün und blau, geschwollen, teilweise aufgeplatzt und blutig. Das war der Anfang vom Ende der Prügelstrafe und machte mich für Schülergenerationen berühmt. Sämtliche Schüler, natürlich außer mir, berichteten es ihren Eltern und ein Strom der Empörung brach über die Schule herein. Viele Eltern drohten ihre Jungen von der Schule zu nehmen. Es dauerte ca.1 Woche bis ich wieder im Speisesaal an den Mahlzeiten teilnehmen konnte. Tage später wurde ich vorm Essen nach vorne gebeten und unser alter „Menne" hielt eine Ansprache, bei der er zwar die Tat verurteilte, aber die Prügelstrafe für abgeschafft erklärte. Anschließend entschuldigte er sich bei mir vor versammelter Mannschaft für die Züchtigung, ebenso der Inspektor, der mir die Abreibung verpasst hatte. - Minutenlanger Beifall und Besteck klappern. Allerdings hatte ich meine Quartalstrafe abzubrummen. Der aufgeplatzte Hintern war vielleicht etwas übertrieben, aber die Strafe war schon verdient. Mal einen anständigen Klaps würde auch heute niemanden schaden, der hätte auch so manch anti autoritär verzogenen Kindern der nach 68 ziger Jahre mit Sicherheit gut getan. Man kann es noch heute manchmal an deren Nachkommenschaft beob - achten.

Jahre später, als ich mein Kalkuhl anlässlich eines Schulfestes besuchte, erzählte mir K.F. Heel, der alte „Menne" war inzwischen gestorben, dass es meine Familienverhältnisse in Berlin waren, die mich damals vor einem sicheren Schulverweis retteten und auch weil ich letztlich ein guter Junge war. -

In den Weihnachtsferien 1951 durfte ich das erste mal wieder nach Berlin. Vater hatte seine Frau Neumann geheiratet, aber das Schicksal hatte seine Frau mit einer schweren Unterleibsoperation bestraft und sie vorübergehend aus dem Verkehr gezogen. Sie lag in einer Klinik in Westdeutschland! Das war also der Grund, warum ich Weihnachten nach Berlin konnte. Mir war's egal, Vater schenkte mir 100 DM zu Weihnachten und ich war froh hier zu sein. Berlin hatte sich kaum verändert, überall noch die Ruinen, aber das Leben pulsierte wieder. Gleich am ersten Weihnachtsfeiertag besuchte ich meine Mutter, Kika und meine kleinen Brüder. Ich hatte Geschenke besorgt und viel zu erzählen. Mutter lebte nach wie vor in bescheidenen Verhältnissen. Sie hatte zwei der vorderen Zimmer vermietet und eine Mitfahrzentrale gegründet, so konnte sie ihre kleine Familie einigermaßen über Wasser halten. Geld vom Staat gab es damals noch nicht.

Anfang Januar steckte mir Vater nochmal 20 DM zu, damit ich mir die Haare schneiden lasse. Bei Vaters Barbier am Ku'damm kostete ein Haarschnitt 10. - Mark West, und im Osten aber nur 5.-Mark Ost.Der Tauschkurs stand zu dieser Zeit 1zu 8, für mich ein Bomben Geschäft! Also auf zum Bahnhof Zoo. In der Hardenberg Strasse unterm Bahnbogen Zoo standen die Geldwechsler: „Ost gegen West - Ost gegen West" hörte man sie pausenlos rufen. Ich tauschte 5 Mark West gegen 40 Mark Ost und fuhr für 0.20.Pfennige Ost mit der guten, alten S- Bahn, die von der ostzonalen Reichsbahn betrieben wurde, zur Friedrich Strasse. Hier gab es kaum ein intaktes Gebäude, alles sah noch sehr trostlos aus, dabei war die Friedrich Strasse einmal eine der bekanntesten Geschäftsstrassen Berlins. Die Innenstadt lag noch total in Trümmern. Nach längerem Suchen fand ich einen versteckt gelegenen Herrenfriseur in einem der halbzerstörten Gebäude. Vor dem Geschäft hing noch einer der schönen, alten Messingteller, damals das Emblem aller Friseurläden. Ein alter Berliner Friseurmeister bat mich, Platz zu nehmen: „Bitte einmal Haare schneiden und rasieren," sagte ich stolz. Es war meine erste Rasur, um meinen ersten Flaum los zu werden. Am Ku'damm hätte nur das Rasieren alleine schon einen Fünfer gekostet - aber in Westgeld. Der Meister, hoch erfreut Kundschaft aus dem Westen zu haben fragte, woher ich denn käme? Vom Ku'damm antwortete ich wahrheits- gemäß. Der Meister unterbrach kurz das Einseifen, beugte sich vor, und antwortete mir im schönsten berlinerisch: „Junger Mann, Sie können mir ruhig die Wahrheit sagen, Sie sind doch aus dem Rheinland". Nach zwei Jahren Oberkassel hatte ich schon einen typischen rheinischen Tonfall angenommen und es dauerte eine ganze Weile den Alten zu überzeugen, dass ick Berliner bin. Zu Hause war Berlinern natürlich tabu, jetzt aber wurde es wohl Zeit damit anzufangen. Haare schneiden, Rasieren inklusive heißer und kalter Kom - pressen, Pickel ausdrücken, kostete 10.- DM Ost. Als reicher junger Herr aus dem Westen gab ich ihm ein entsprechendes Trinkgeld, und drückte ihm fünfzehn Mark in die Hand. Der Meister freute sich riesig und rief mir noch nach: „Kommen`'se bald  wieder junger Mann und  lern`'se anständig Berlinern".

Anschließend erkundigte ich den trostlosen Ostsektor bis zum Alex, trank einen „Mucke Fuck", der Ostpfennige kostete und versuchte den Rest des Geldes auszugeben, es war unmöglich! Mit den Mädchen kannte ich mich ja noch nicht aus, obwohl ich schon begann ihnen heimlich nachzuschauen und eigentlich schon davon träumte. Die Ferien vergingen viel zu schnell und bald ging es zurück in meine geliebte Penne nach Oberkassel. Die Zeit verging im Fluge und ich freute mich auf die kommenden Sommerferien. Die Eltern eines Luxemburger Klassenkameraden hatten mich eingeladen.

Wir wurden mit einem großen amerikanischen Packard abgeholt, dieser wuchtige „Ami Schlitten" rief auf dem Schulhof einen regelrechten Auflauf zusammen, jeder beneidete uns. Ich durfte 3 herrliche Wochen mit meinem Klassenkameraden und seinen Eltern verbringen. Wie sehr beneidete ich ihn solche tolle Eltern zu haben.

Wochen später, ich spielte gerade Schach mit einem der Inspektoren, erschien völlig überraschend mein Vater in der Schule. Wie ein verwundetes Tier spürte ich instinktiv: Das ist das Ende in Kalkuhl!

Der Abschied fiel mir verdammt schwer und ich kämpfte tapfer gegen die Tränen. Ich hatte das beklemmende Gefühl ins Bodenlose zufallen. Vater fuhr mit mir nach Bonn in ein Hotel. Er war tief bedrückt und es gefiel ihm sicher auch nicht, was er mir zu eröffnen hatte. Er könne die Schule nicht mehr bezahlen, Schuld sei der dumme Konkurs, verursacht durch den Verlust des Kühllastzuges während der Blockade, auch der Berliner Magistrat konnte oder wollte nicht helfen. Aus diesem Grunde müsse er mich nun von der Schule nehmen. Die einzige Möglichkeit für mich sei es im Moment, selber Geld zu verdienen. Da es aber in Berlin z. Z. keine Arbeit gibt, solle ich vorübergehend am besten in Westdeutschland bleiben. Hier würden ungelernte, kräftige, junge Männer dringend gesucht, am einfachsten z.b. als Maurer oder im Bergbau. Er habe sich erkundigt und unter Tage sei am meisten zu verdienen. Ich fühlte mich sauelend vor diese einzige Möglichkeit gestellt zu werden und war kaum zu beruhigen! Wir redeten die halbe Nacht lang. Vater erklärte mir, sein Geschäft laufe zwar weiter, aber auf den Namen seiner Frau, meiner Intimfeindin, die ihm aber in Bezug auf mich, den Geldhahn zugedreht hatte. Außerdem gehe es ihm auch gesundheitlich nicht so gut und wenn er nicht mitspiele, stünde er wohlmöglich mittellos auf der Strasse. Eigentlich hatte ich Mitleid mit meinem Vater, zu dem ich immer aufgesehen hatte, aber ich verstand ihn plötzlich nicht mehr! Wie kann man sich von einer Frau dermaßen abhängig machen und demütigen lassen! Für mich war das damals nicht nur der einzige Bruch in meinem Leben. Erst später erfuhr ich, dass Vater damals schon durch seine Krankheit ziemlich angeschlagen war. Morgens brachte er mich zum Bahnhof, drückte mir 150.- Mark und eine Fahrkarte nach Alsdorf bei Aachen in die Hand. Mit tränenerstickter Stimme verabschiedete ich mich, eine kurze Umarmung und ich stieg mit meinem kleinen Pappkoffer in einen Bummelzug, der mich ins

Nichts fahren ließ. Ich brauchte ein paar Bahnstopps, um mich einigermaßen wieder in den Griff zu bekommen, dann wandte sich mein Blick langsam Richtung unge - wisser Zukunft, und was da wohl kommen sollte. Ich kämpfte gegen Tränen und eine große Leere, noch nie hatte ich mich so alleine und verlassen gefühlt.

In der damals wenig einladenden Bergarbeiter Stadt Alsdorf fragte ich mich zum Büro der Zeche durch. Mit meinen fast 18 Jahren, sportlich und 1,80 m groß, war ich dem Mann hinter dem Schreibtisch höchst willkommen. Hinter mir spürte ich die kritischen Blicke der anwesenden Bergleute. Der Nette hinter dem Schreibtisch fragte mich nach meinen Papieren - ahnungslos und erstaunt zugleich, mit langsam rot werdenden Kopf stotterte ich: „Ich dachte, die bekomme ich hier". Prompt erhob sich lautes Gelächter. Der Mann am Schreibtisch entspannte die peinliche Situation, in dem er mir durch eine freundliche Geste zu verstehen gab, einen Moment zu warten. Nach einem kurzen Telefonat schicke er mich zum Polizeirevier, das gleich nebenan lag. Hier musste ich erst mal erklären, warum ich denn nirgendwo gemeldet war und keinen Personalausweis hatte. Man telefonierte auf Staatskosten nach Oberkassel und ich erhielt meinen ersten vorläufigen Papiere, um arbeiten zu können. Für meinen Personalausweis solle ich möglichst schnell Pass fotos bringen. Zurück im Zechenbüro hatte ich die Wahl entweder vor Kohle oder vor Stein zu arbeiten. Da die

Arbeit vor Stein fast doppelt so hoch bezahlt wurde, entschloss ich mich für die Steinvariante, ich dachte, wenn schon, dann richtig. Ich wurde von einer Spezialfirma angestellt, die in 850 Meter Tiefe vom Ende eines stillgelegten Stollens aus, zur 1050 Meter Sohle herunter, einen Schacht täufte. In diesem Wetterschacht gab es keine Frischluftzufuhr, wodurch erhöhte Gefahren durch schlagende Wetter entstehen, der Albtraum aller Bergleute. Der freundliche Mensch hinter dem Schreibtisch wünschte mir „Glück auf", gab mir einen Fahrplan, eine Fahrkarte und schicke mich nach Mariadorf.

Hier gab es ein Bergarbeiterwohnheim, das gleich neben dem Bahnhof lag. Dort solle ich mich im Büro melden

und dort erhalte ich auch später meinen Lohn von dem auch gleich das Wohngeld abgezogen wird. Einer der anwesenden Kumpel bot mir seine Begleitung an, da er auch in diesem „Bullenkloster" wohne. Der Zug war überfüllt mit „Kumpel" die von ihrer Schicht kamen. Das Ziel, ein einfaches Barackenlager, wahrscheinlich ein ehemaliges Gefangenenlager, so sah es jedenfalls aus. Von einem auf den anderen Tag befand ich mich in dieser komplett neuen, lärmenden, düsteren Welt. Rückblickend ist es kaum zu glauben wie unbeschadet ich diese Zeit hinter mich brachte. Der Junge vom Ku'Damm, der feine Internatsschüler, von einem Tag auf den anderen nur noch umgeben von fluchenden, saufenden, nur schweinische Witze erzählenden, rohen Typen. Sollte das meine neue

Welt werden?

Das Büro in diesem Bergwerks Heim wies mir eine Bude zu, die ich mit 3 dieser Kumpel teilte. Mit Abstand war ich der Jüngste auf der Bude. Schon nach Tagen wurde der feine Internats Schüler zum Professor befördert und da ich stark und sportlich war, riss man sich bald um meine Freundschaft, was mir das Leben doch etwas erleichterte. Rasch merkte ich, dass diese Männer eigentlich nur ihre raue Schale zur Schau trugen und gar nicht so schlimm waren. Einer, ein Medizinstudent aus Leipzig mit dem ich mich anfreundete, arbeitete vor Kohle. Man stand morgens kurz vor vier auf und fuhr dann mit dem Zug einige Kilometer zur Zeche nach Alsdorf. Hier betrat man eine außergewöhnlich hohe, breite, große und sehr lange Halle aus Stahl und Glas. Überfüllt mit hunderten halbnackten und nackten Kumpel. Es war so laut, dass man sein eigenes Wort nicht verstand. Ich genierte mich riesig, da ich mich das erste Mal in coram publico nackt auszuziehen hatte, um in die Arbeitsklamotten zu wechseln. Jeder der Bergleute benutzte einen, an einer Kette hoch aufgehängten Drahtkorb, indem er seine Kleidung knüllte, um diese dann hoch zu ziehen. Ein unaufhörliches Kettenrasseln der hin und her baumelnden, leeren oder der mit Klamotten gefüllten Drahtkörbe, vermischt mit dem laut hallenden Stimmengewirr. Das sollte also meine Zukunft sein, eine laut dröhnende, mit dumpfen Lärm gefüllten

Halle, in der es beißend nach Schweiß stank?

Als Ausrüstung bekam jeder eine kurze, weißgraue Leinenhose, ein einfaches Leinenhemd ohne Kragen, einen breiten stabilen braunen Ledergürtel, ein paar Gummistiefel und mindestens 10 Fußlappen gegen den Schweiß, die man sich vorher um die nackten Füße wickelte, einen Helm und dazu kam mein „Lieblingsgerät", eine schwere metallene Grubenlampe mit einem Aufhänger, an dem man sich dieses böse Ding, an seinen Ledergürtel vor den Bauch hängte. Mit jedem Schritt schlug dieses schwere, baumelnde Gerät vor mein damals noch sensibelstes Stück. Ich musste einfach neu laufen lernen, wenn ich nicht schon so jung zum Kastraten werden wollte. Wie sich später herausstellte, war es wohl ein vorzügliches Training.

Unter einem der großen Fördertürme, hing an dicken Drahtseilen ein Förderkorb. Ein Klingeln und im rasenden Tempo ging es abwärts. Auf der 850 m Sole angekommen, marschierten wir erst mal einen belüfteten, beleuchteten, etwa 5 m breiten Hauptstollen entlang, der mit Kohle beladenen Loren befahren wurde. Nach circa 1,5 km bogen wir in einem sogenannten Wetterschacht ein, indem es keine Frischluftzufuhr mehr gab.

Nur stickige, tote Luft, kein Licht und völlige Dunkelheit. Ab jetzt nur noch der dürftige Schein unserer schaukelnden Grubenlampen zwischen den Beinen, keine Geräusche, außer dem Schnaufen nach der spärlichen, stickigen Restluft und der Hall unserer schweren, schlurfenden Schritte waren zu hören. Der Schweiß lief uns wie Wasser aus allen allen Poren, spätestens jetzt wusste ich wozu es Fußlappen und Gummistiefel gab. Endlich in der Ferne ein spärlicher Lichtschein. Am Ziel angekommen, lösten wir eine andere sechs Mann Schicht ab. Die Aufgabe bestand darin einen Schacht von circa 8 bis 10 Meter Durchmesser, von der 850 m Sole zur 1050 Meter Sohle zu täufen, beziehungsweise runter zutreiben. Der Steiger, der uns begleitete, machte alle Stunde mit einer kleinen Speziallampe eine Messung um zu sehen, ob wir schlagende Wetter haben. Im schlimm- sten Fall können diese eine Schlagwetter Explosion auslösen. Ein kleiner Funke, ausgelöst durch einen Steinschlag, würde schon genügen! - Scheiß Job dachte ich. Wie ich später erfahren sollte, war Alsdorf damals die unfallträchtigste Zeche Deutschlands, aber nur bedingt durch seine Querflöze. Mit meiner schweren Lampe zwischen den Beinen hängend, ging es jetzt täglich auf langen, schwankenden Holzleitern etwa 100 m in die dunkle Tiefe, denn soweit hatte man den Schacht schon runter getrieben. Die etwa 4 Meter Leitern führten jeweils auf die in die Schachtwand eingearbeiteten Bretter - plattformen herunter. Man stieg ins dunkle Nichts. Eine wacklige Angelegenheit. In der Mitte Drahtseile und die Schläuche für die sich unten befindlichen Pressluft- hämmer. An den Drahtseilen zog man das unten abge -

baute Gestein in Behältern herauf. Nach dem langem schwankenden, schwindelerregendem Abstieg insDunkel, unten angekommen, erleuchteten nur der hin und her tanzende Schein unserer Lampen die Schwerstarbeiter Stelle. Hier unten lagen 3 schwere Presslufthammer bereit, mit denen der Stein und sehr viel Schiefer, unter ohrenbetäubendem Lärm heraus gedonnert wurde. Keine Belüftung und blind von dem berühmten Steinstaub machten wir 3 Kumpel alle paar Minuten eine kleine Pause. Bei jeder Bewegung spritzte der Schweiß, dazu das schwere, böse Gerät zwischen den Beinen. Nach 3 Stunden der Wechsel mit den oben gebliebenen Kumpel.

Nach ein paar Tagen lief ich wie ein Seemann auf Landgang. Zu meinem Erstaunen fand man in dieser Tiefe Schieferablagerungen, in denen Farnblätter abgebildet waren, zuerst konnte ich mich über diesen Fund gar nicht beruhigen und nahm so ein Fundstück mit nach oben, aber es interessierte keinen, auch nicht dass hier vor 100.000 Jahren tropischer Urwald stand, der langsam zu Kohle wurde.

Damals wurde ein Mann, der vor Stein arbeitete, selten älter als 40/42 Jahre, weil er eine Steinstaub Lunge bekam, wahrscheinlich auch einer der Gründe, warum heutzutage die Schlote hier nicht mehr qualmen und das Geld anders gemacht wird.

Nach 6 Stunden vor Ort, über 1 Stunde zurück marschieren zum Förderkorb, dann das übliche Massenduschen.

Alle einträchtig zusammen, die grau aussehenden Kumpels der Firma neben den schwarz aussehenden Kohle Kumpels. Dann wieder das pausenlose Kettenrasseln, um an seine Klamotten zu kommen. Anschließend zurück zum „Bullenkloster" nach Mariadorf. Samstag und Sonntag hatte meine Firma für die Schwerarbeiter vor Stein als Ruhetage angesetzt, die aber nicht für die Arbeiter vor Kohle galten. Die Kumpel fuhren dann in das nahe gelegene Alsdorf in die Kneipen oder in den Puff. Ich trieb lieber Sport und spielte Fußball in der Bullenkloster Mannschaft. An einem Samstag, ließ ich mich von meinem Leipziger Medizinstudenten überreden mit nach Alsdorf zu kommen. Wir landeten in einer dieser vielen typischen Bergarbeiterkneipen, ein richtiger „Press -luft Schuppen." Zwei freundliche Männer setzten sich an unseren Tisch und warfen so viele Runden, dass ich bald alles doppelt sah. Es war das erste Mal, dass ich soviel Alkohol trank. Es waren Werber der französischen Frem - denlegion, die auf ihrer Rekrutierungstour waren. Da ich jung und so schön sauber und naiv, aber zackig preußisch war, sahen sie wohl in mir eine besonders leichte und lohnende Beute. Wir verabredeten uns für die nächsten Tage, um Nägel mit Köpfen zu machen. Eine Fahrkarte nach Kehl sei kein Problem, meinten sie. In meinem Suffkopf winkte mir schon das große Abenteuer Frankreich und Afrika. Welche Chance, dachte ich, jedenfalls besser als elendig in der Grube oder an der

Steinstaub Schwindsucht zu verrecken, ich war Feuer und Flamme. An dem darauffolgenden Sonntagmorgen berichtete ich in der Kantine von meinem großen Glückstreffer. Betretenes Schweigen, bis ein älterer Kumpel aufstand, sich neben mich setzte und mir sehr intensiv ins Gewissen redete. Er begann laut auf den Krieg und diese Schweine von Werbern für die Fremdenlegion zu schimpften: „Für diese Strolche auch noch die Kastanien aus dem Feuer holen etc." Dann zog er sein Hemd aus und zeigte allen in der Kantine Anwesenden seinen von Granatsplitter übersäten, grünlich, schwarzblau vernarbten Oberkörper. Er sei in Russland gewesen und wisse, von was er spreche. Es gab keine Diskussionen mehr. Jedermann stimmte ihm zu und alle redeten wild auf mich ein: Fahre zur See, gehe nach Amerika, oder machen sonst was, aber niemals in die Fremdenlegion! Mache dich nicht unglücklich! Langsam überzeugt ergab ich mich schließlich den guten Rat - schlägen und tat damit sicher meinem Schutzengel einen großen Gefallen.

Damals stand nämlich schon Indochina kurz vor der Tür, 1954 Dien Bien Phu, das Stalingrad der Französischen Fremdenlegion!

Trotzdem, ich wusste, dass ich hier sehr bald, irgendwie diesem mit Steinstaub vernebelten, stickigen Höllenschlund entrinnen musste. Fleißig sparte ich und studierte die Zeitungen, um etwas anderes zu finden.

Just zu dieser Zeit ereignete sich in unserem Wetterschacht ein schwerer Arbeitsunfall. Gott sei Dank geschah es in einer der kurzen Ruhepausen des Pressluftgehämmers, unten auf der Sohle unseres schon getäuften Schachtbodens. Unter lautem Gepolter fiel von oben kommend ein schwerer Gegenstand herunter. Ein tödliches Geschoss. Zwar wussten wir in dem Moment noch nicht, was es war, aber er schlug alle paar Sekunden an den Leitern und an den Holzplattformen auf und kam aus dem Dunkel auf uns zu gerast. Jeder schaltete schnell und presste sich an die Seitenwand. Was tun? Sich ducken, die Hände schützend über den Kopfhalten, oder wie ich es tat, an der Schachtwand gepresst lehnend nach oben ins Dunkle zu starren, um im letzten Moment auszuweichen? Ich blickte nach oben und vertraute instinktiv auf meine gute Reaktionsfähigkeit. Das pausenlos anschlagende Etwas kam sehr schnell näher und näher und in einem einen Bruchteil einer Sekunde sah ich es aus der Dunkelheit kommend, gegenüber einen Kumpel streifen und dann aufschlagen. Es war ein Vorschlaghammer. Er streifte den Helm meines kauernden Kumpels so unglücklich, das wir den Ohnmächtigen mit der Winde dien 100 Meter nach oben hieven mussten. Er erlitt einen Schädelbasisbruch. Es war Glück im Unglück, dass er überlebte.

Nach etwa ein einhalb Monaten „Malochen" fand ein Fußball Freundschaft Spiel zwischen einer holländischen

Mannschaft und unserer Bullenkloster Mannschaft statt. Wir verloren 0-2. Nach dem Spiel gab es einen kleinen multinationalen Umtrunk in einer der nahegelegenen Kneipen. Eine blonde Holländerin, die mich sofort an mein Kindermädchen aus Berlin erinnerte, nur etwas reifer, konnte und wollte ich auch nicht übersehen. Diese Hübsche zögerte nicht lange und näherte sich mir mit zwei Glas Bier. Nach heftigem Flirt und noch ein paar Gläsern begleitete ich sie zu ihrem Wagen - sie kannte ein Hotel. Der große, nette Junge war natürlich eine leichte Beute. Für mich gerade erst 18 geworden, war es das erste Mal. Vom Sex noch unberührt, sie üppige dreizig. Jelkedei verführte mich mit allen Regeln ihrer Liebeskunst und sie ließ mich ihre intimsten Gefühle entdecken. Es war das erste Mal und unglaublich schön. Wir trieben es die ganze Nacht bis zum frühen Morgen und Jelkedei lud mich so bald wie möglich zu sich nach Holland ein. Auf dem Zahnfleisch verabschiedete wir uns und ich schwor ihr, sie sehr bald zu besuchen. Seit dieser Nacht stand es für mich fest - von nun an hatte ich für die Zukunft ein wunderbares Hobby.

Die Zeit verging im Fluge. Durch den enormen Schweißverlust unter Tage entzündeten sich meine Füße, große Hautpartien zwischen den Beinen bis herauf zum Po und bis unter die Achselhöhlen. Bald war ich nicht mehr in der Lage einzufahren. Man schrieb mich krank und ich kam ins Krankenhaus. - Endlich wieder blütenweiße

Betten und die herrliche Stille waren Balsam für meinen geschundenen Körper. Dreimal täglich wurden meine entzündeten Stellen mit einer rot braunen Schwefeltinktur eingepinselt. Nach ein paar Wochen entließ man mich. Mindestens noch 10 Jahre lang litt ich anschließend unter dieser Geschichte, bis ich endgültig diese rötlich, braune Tinktur völlig ausgeschwitzt hatte. Da ich nur weiße Unterwäsche trug, war es natürlich besonders unangenehm und peinlich.

Zurück im Bullen Kloster, herrschte eine ganz eigenartige, und bedrückende Atmosphäre. Da meine Zimmerkumpels noch nicht von ihrer Schicht zurück waren, ging ich die Kantine, in der nur wenige Tische besetzt waren. Die Frau an der Ausgabe schaute mich völlig überrascht an, kam heraus gestürzt und umarmte mich. Während meiner Schicht hatte sich ein Grubenunglück ereignet, aber man wisse noch nichts Näheres. Mit den ersten ankommenden Bergleuten begannen verschiedene Schilderungen. Man sprach von Verletzten, aber niemand wusste Genaues. Nach langen Diskussionen mit den Kumpels entschied ich mich: 4 Monate sind genug, zu - dem hatte ich ja etwas Geld gespart - das war kein Job mehr für mich. Nächsten Tag kündigte ich, ließ mich auszahlen und meine 3 Sachen waren schnell gepackt.

Von einer mir bisher unbekannten Macht gezogen, wollte ich nur noch so schnell wie möglich Jelkedei sehen, ich sehnte mich weiblicher Wärme - ich wollte leben. Mein

Plan, per Anhalter nach Aachen und dann werde ich weiter sehen. Auf einem Autorastplatz nähe der Stadt spricht mich ein Fernfahrer an, er sei auf der Suche nach einem Beifahrer, er zahle 5.- Mark die Stunde auf die Hand, das war viel Geld damals. Ich schlug ein, Jelskedei musste eben warten. Mein neuer Boss fuhr mit einem alten Lastzug mit Anhänger Zement von Neu Bekum zu denen sich im Bau befindlichen neuen Nato Flugplätzen in der Nähe von Aachen. Bald sollte ich den Grund für die gute Bezahlung erkennen. Der mit reiner Muskelkraft im Akkordtempo zu beladene Lastzug mit schweren Zementpapiersäcken und dazu kamen dann die anschließenden, stundenlangen Schleichfahrten im Schritttempo die Autobahnsteigerungen hinauf, bei der mich pausenlos die Müdigkeit einnicken ließ. Das kalte Regenwetter und der Ausfall der Heizung taten das Übrige. Prompt bekam ich eine Erkältung und dazu Schüttelfrost. In Aachen angekommen, bat ich um meinen Lohn und bedankte mich.

Es war doch verflixt schwer, Geld zu verdienen. Per Zufall stieß ich auf dem Autohof auf einen Lastwagen, der leer nach Hamburg fuhr. Wieder musste ich mich entscheiden, entweder Hamburg oder Jelskedei. Ich erinnerte mich, dass die Schwester meiner Mutter in Hamburg lebte, die ich während des Krieges mal als kleiner Junge besuchte, aber dummerweise kannte ich die Adresse nicht. Eine innere Stimme sagte mir jedoch mit nach Hamburg zufahren. Der Fahrer war ein alter Soldat, der vor kurzem aus englischer Gefangenschaft entlassen worden war. Ich erzählte ihm meine Erlebnisse und er mir seine über den Krieg. In einem Landgasthof, ein Geheimtipp wie er sagte, lud er mich zu meiner Lieblingsspeise, einem Eisbein ein. Dieser freundliche alte Soldat brachte mich zu einem alten Mütterchen nach Hamburg Eimsbüttel, die Zimmer vermietete. Hier könne ich wohnen und wäre wenigstens von der Strasse.

Jetzt galt es ja erst einmal Arbeit zu finden. Nachdem ich richtig ausgeschlafen und gefrühstückt hatte, schicke mich meine Logis Mutter zum Einholen zur Schlachterei der Familie Klotz, die an der nächsten Ecke lag. An der Schaufensterscheibe klebte ein handgeschriebener Zettel: „Lehrling gesucht"! Man nahm mich sofort als „Jungen Mann", da ich aus dem Lehrlingsalter schon raus war. Fünf Mark die Woche, Kost und Logis frei und ich solle sofort anfangen. Da ich in meinem Alter andauernd einen tierischen Hunger hatte gab es nicht viel zu überlegen. Hier werde ich mich erstmal eine Weile durchfuttern und dann sehen wir weiter.

Meister Klotz zeigte mir meine zukünftige Bleibe, die sich neben der Fleischerei in einem kleinen Flachbau befand. Klein, ordentlich, sauber und sturmfrei. Das Ehepaar Klotz waren kleine rundliche Leute, ich überragte sie fast um Haupteslänge. Einmal alle 14 Tage, manches mal auch wöchentlich, holten wir vom

Hamburger Schlachthof mit einem Dreirad Tempo Lieferwagen circa 2 bis 3 Rinderhälften, dazu immer zehn Schweinehälften. Ja, Klotz hatte eine gut gehende Schlachterei. So ein Rinderviertel konnte ich zur Verwunderung vom Meister Klotz ganz alleine vom Haken weg auf meine Schulter laden und zum Tempowagen tragen. Schweinehälften, wenn sie nicht zu groß waren, schulterte ich öfters gleich zwei auf einmal. - Das Ehepaar Klotz war zufrieden mit mir und Samstags durfte ich im Laden helfen, die Kunden zu bedienen. Bald schnitt ich grammgenau die verschiedenen Wurstsorten für die Kundschaft und Meister Klotz lehrte mich in der Kunst des Wurst machen's. Hier in Hamburg wurde ich zum großen Carnivore. Ich verdrückte heimlich links und rechts im Betrieb Unmengen von leckeren Erzeugnissen, obwohl es immer reichlich zu essen gab. Es ging soweit, dass ich öfters zwischen den Mahlzeiten heimlich im Kühlraum Wiener Würstchen in mich hineinstopfte. Damals in diesem Alter hatte ich einen unbändigen Appetit mit der Folge, dass mir bald meine jungen Säfte nicht nur in den Kopf stiegen.

Trotz des täglichen 6:00 Uhr Weckens trieb es mich öfters auf die Reeperbahn, bald hatte ich in der berüchtigten Herbertstraße eine 30-jährige, bei der ich immer umsonst durfte. Der Tarif betrug damals fünf Mark, der gleiche, für den es auch die Asphaltschwalben in den Ruinen taten. Bald fiel es aber auf, dass ich öfters erst kurz vor dem

Wecken kam. Nach mehreren eindringlichen Verwarnungen wurde ich nach drei Monaten gefeuert.

Das alte Zimmer nebenan bei meiner alten Wirtin war noch frei und im Gegensatz zu den Klotzens hatte sie Verständnis für meine nächtlichen Ausflüge. Mein neuer Job: Jugendhilfsarbeiter im Stadtpark von Hamburg - Barmbek - ich musste ja Geld verdienen. Es war mittlerweile tiefster Winter. Alleine die S-Bahn Monatskarte kostete schon 20 DM und ich verdiente nur ganze 0,50 DM die Stunde, d.h. ich arbeitete alleine eine Woche für die Monats Fahrkarte. - Schon nach einer Woche bekam ich fünf Pfennig die Stunde mehr bezahlt und wurde Vorarbeiter! Ich hatte frech behauptet, dass ich schließlich das Abitur habe. Wir waren eine Gruppe junger Burschen und hatten die Aufgabe den tiefgefrorenen Boden aufzuhacken, in dem später Leitungen verlegt werden sollten. Ein anstrengender, stupider Job. Nach den sechs Wochen tiefgefrorenen Boden aufhacken bekam ich durch meine Reeperbahn Beziehungen eine Anstellung als ordentlich bezahlter Arbeiter im Hamburger Freihafen. Gabelstapler gab es kaum und so schleppen wir auf unseren Rücken, Kisten, Bananenstauden, Kaffeesäcke und alle möglichen anderen Dinge, die man von den großen Pötten holte und auf Lastwagen lud.

Einige der Scheuerleute schmuggelten was das Zeug hielt, hauptsächlich Zigaretten und Schnaps und ver -

dienten mit dieser „hübschen Nebentätigkeit" sehr gut. Mir war das zu heiß und ich ließ die Finger davon, um ja nicht meinen gut bezahlten Job zu verlieren. Nach ein paar Monaten als Hafenarbeiter gab mir die „Nette" aus der Herbert Strasse einen Tip. - Eine gut gehende Kneipe, die „Piraten Diele" auf der kleinen Freiheit suche einen Ober und wenn ich clever sei könne ich dort leichter und mehr als im Hafen verdienen.

Bei meinem Vorstellungsgespräch log ich schon im „Berliner Kindl" in Berlin bei der Familie Klempke als Kellner gearbeitet zu haben. Ich bekam den Nachtjob. Der dauerte von 19 Uhr bis „Morgens Open End".

Im Vergleich zu meinen bisherigen Tätigkeiten war dieser Job sehr einfach und lukrativ und ich merkte sehr bald, je freundlicher ich war, je höher das Trinkgeld. Die Damen vom horizontalen Gewerbe drückten mir öfters größere Scheine in die Hand. Nicht selten gab es Eifersüchteleien zwischen den Dirnen, die sich dann auch schon mal im Suff richtig in den Haaren hatten und aufeinander los gingen.

Eines nachts, wir hatten einen vollen Laden, bekam ich von einer dieser Liebesfeen einen Ring an den Finger gesteckt. Daraus entwickelte sich mit einem der ganz übel aussehenden Zuhälter eine handfeste Schlägerei. Sofort flogen die Fetzen und im Nu war ich mitten drin. Durch eine präzise geschlagene Rechte schickte ich den Typen ziemlich schnell zu Boden und verschaffte mir dadurch großen Respekt. Als die Polizei von der nahe liegenden David Wache eintraf war alles gelaufen, die Spuren beseitigt und es herrschte wie immer Singen und Schunkeln. Ein Akkordeon-Spieler stand auf einem Tisch und dirigierte das Publikum mit Seemannslieder und die Nutten machten sich an die Polizisten ran.

Einige Wochen später, nach einer ähnlichen Situation, zog mich ein älterer, gut gekleideter Stammgast zur Seite, ein pensionierter Kapitän zur See. Er riet mir dringend aus diesem Milieu zu verschwinden, ich solle mir doch bitte eine anständige Arbeit suchen, bevor ich völlig versaut bin, es wäre doch schade um mich, er habe mich schon länger beobachtet und ich passe nun wirklich nicht hierher. Außerdem, jeder anständige Junge fängt erst mal mit Friseusen, Krankenschwestern und Sekretärinnen an und nicht mit Nutten. Er steckte mir seine Visitenkarte zu und ich musste versprechen ihn anzurufen, wahr - scheinlich habe er einen gut bezahlten, anständigen Job für mich. Ein paar Tage später lud mich mein Kapitäns- freund zu sich nach Hause ein, er hätte eine interessante Geschichte und bat mich pünktlich zu sein.

Der Kapitän bewohnte in Blankenese ein schönes kleines Haus mit einem weiten Blick auf die Elbe. Er stellte mich einem Freund vor, einem ehemaligen Offizier der Kriegsmarine, der schon dem Kaiser gedient hatte, auch ein alter Seebär. Eine große, stattliche Erscheinung mit grauem Vollbart, links trug er eine schwarze Augenklappe. So hatte ich mir immer den „Klaus Störtebeker" vorgestellt. Mein Kapitän klärte Störtebeker über mich auf. Gute Familie, durch den Krieg alles verloren, mangels der Finanzen von der Schule genommen und nun schlägt sich dieser Junge ganz alleine in Hamburg durch. Man müsse unbedingt etwas für ihn tun. Störtebeker hatte ein Müllentsorgungsunternehmen und entmüllte u.a. Hamburg Basbüttel, damals ca. 3 tausend Einwohner. Störtebeker meinte die Arbeit sei nicht leicht und erklärte mir meine zukünftige Aufgabe. Wenn ich sie mir zutraue, könne ich sofort beginnen und gutes Geld verdienen. Jeden Dienstag und Freitag ab 6:00 Uhr Uhr früh, hätte ich vor jedem Haus, die hauptsächlich mit Asche gefüllten großen Blechbüchsen, Eimer, Kartons und den sonstigen Müll auf einem neuen 1 1/2 Tonner Opel Blitz zu laden und anschließend in eine außerhalb Barsbüttels gelegene Kiesgrube zufahren. Täglich mindestens 2/3 Fuhren und wenn ich richtig schlau bin solle ich die folgenden Tage dazu nutzen, das Altpapier, die Blech-büchsen und das sonstiges verwertbare Zeug wieder heraus zu fischen, dazu würde er mir den Wagen überlassen, so könne ich mir einiges dazu verdienen. Das zurück gewonnene alt Material müsste man dann erst einmal lagern, um es dann später zu verkaufen. Dafür finde man schon eine Lösung, meinte er an meinem Kapitän gewandt, der zustimmend nickte. Er bezahle 0,20 Pfennig pro Eimer, Blechbüchse oder Karton und im

Schnitt stehen zwischen fünf bis zu zehn Behälter von jedem Haus, und das bei 3000 Einwohnern. Beide schauten mich fragend an. Kopfrechnen war zwar nicht meine Stärke aber ich sprang sofort ins kalte Wasser und nahm den Job an. Nachdem ich mich artig bedankt hatte, stellte ich eine kleine Bedingung. Ich bat Störtebeker mir vorher den Wagen zu erklären, da ich bisher nur in einem „Tempo Dreirad" Wagen gefahren bin und das war ja nicht gelogen, denn sämtliche Tempodreirad Wagen hatten ausschließlich eine Pistolengangschaltung. Dass ich noch keinen Führerschein besaß, verschwieg ich. Um Geld zu verdienen muss man halt etwas riskieren und es konnte doch schließlich nicht an einem dummen Führerschein liegen, den konnte ich ja immer noch später machen. Sehr zum Bedauern der Belegschaft der Piratendiele kündigte ich.

Ein paar Tage später trat ich meine neue Arbeit an, allerdings hatte ich mir den Job leichter vorgestellt, er artete oft zu einem 14 Stundentag aus; trotzdem empfand ich es als eine hervorragende Idee Geld zu verdienen und so nebenbei damit Auto fahren zu lernen. Oft schmerzte mir das Kreuz, sehr unangenehm wurde es bei starken und böigen Wind, dann sah man nach der Arbeit von Kopf bis Fuß wie ein gelbes, rotbraunes Gespenst aus. Ohne Staubbrille war die Arbeit gar nicht zu machen und man musste sie praktisch alle 5 Minuten putzten, sonst war es überhaupt nicht möglich, die fast ausschließlich mit

Asche gefüllten Kartons oder Blechbehälter auf die Ladefläche zu kippen. Hier hätte ich meine alte Rommelbrille gebraucht.

Auf Empfehlung von Störtebeker fand ich sehr schnell im Nachbarort Jenfeld, in einer Laubenkolonie, bei einer alten Oma, zwei große, leere Schuppen, die für mein Vorhaben genau richtig waren. Ihr Mann und die beiden Söhne der Armen waren im Krieg geblieben. Sie schlug mir vor, wenn ich ihr bei Gartenarbeiten helfe überlässt sie mir die Schuppen kostenlos. Nach ein paar Wochen war ich so gut organisiert, dass meine Müllkutscher - Tätigkeit mehr oder weniger zur Routine wurde. Dienstags und Freitags entmüllte ich Basbüttel und an den darauf folgenden Tagen, Mittwochs und Samstags, holte ich jeweils eine volle Wagenladung verwertbares Material aus der Kiesgrube und brachte es nach Jenfeld. Diese Grube wurde im wahrsten Sinne zu meiner Goldgrube. Abends bei meinen Schuppen angekommen schlug ich dann mit einem Vorschlaghammer die Konserven, Blecheimer und Büchsen platt, um sie anschließend mit dem Papier und den anderen Dingen getrennt in beiden Schuppen zu stapeln. Meine alte Oma taufte ich auf den Namen „Täubchen Omi", da sie circa 50 Tauben besaß und mich an den Wochenenden meistens zu einem leckeren Braten einlud. In meiner Freizeit grub ich ihren Garten um, jätete Unkraut, pflückte Stachel- und Johannisbeeren oder ging ihr sonst zur Hand. Nach etwa vier Monaten bestellte ich endlich einen Altwarenhändler, der das bis unter die Decken gestapelte Altmaterial mit drei Lastwagenfuhren abholte. Damit wurde ich damals auf einen Schlag ein reicher Junge, jedenfalls fühlte ich mich so.

Natürlich verabredete ich mich erst einmal wieder mit meinem Kapitän Harmsen, kaufte ihm ein hübsches Geschenk und fuhr an einem Sonntag zu ihm. Von der Müllkutscher Karriere hatte ich die Nase voll und wollte nun unbedingt etwas anderes machen. Kapitän Harmsen hatte dafür vollstes Verständnis. Wir machten einen langen Spaziergang entlang der Elbe, bei dem ich viel über ferne Länder lernte und er gab mir einige gute Ratschläge. Ich mochte diesen wunderbaren Mann sehr. Nachmittags nahmen wir in einem direkt am Fluss gelegenen Blankeneser Gasthaus einen Drink. Fasziniert beobachtete ich die vorbeifahrenden großen Pötte und hier war mein Förderer in seinem Element, ganz der alte Seemann. Gemeinsam beschlossen wir, dass erst ich zum Monatsende kündige, damit Störtebeker genügend Zeit hatte für mich einen Ersatz zu finden. Damals suchte Jeder, jede Arbeit und so war dies kein Problem.

Ich bat Kapitän Harmsen, der einen hervorragenden Geschmack hatte, mich in den nächsten Tagen zu begleiten, da ich mir zum ersten Mal in meinem Leben anständige Klamotten kaufen wollte, um endlich präsentabel zu werden. Mit Schmunzeln sagte er mir zu. In der darauf folgenden Woche klapperten wir auf dem Jungfernstieg und Umgebung mehrere Herren Ausstatter ab und ich wurde nach dem „Dernier Cri" der Fünfzigerjahre, im englischen Stil ausstaffiert. Mein Kapitän meinte anschließend anerkennend, dass ich nun wie ein echter junger Gentleman aussehe. Kapitän Harmsen bot mir das Du an und lud mich abends in ein Traditionsrestaurant am Fisch - markt ein. Jeder kannte hier meinen Kapitän. Glücklich und stolz einen neuen Freund gefunden zu haben, verab - schiedeten wir uns.

In den folgenden Tagen besuchte ich mal wieder die Reeperbahn. Ich hatte viel vom Café Keese gehört, das unter dem Motto „ honi soit qui mal y pense" lief und nahm an, wenn dieser Spruch auf dem englischen Hosenband Orden steht, muss es ja ein guter Laden sein. Hier dürfen nur die Damen die Herren zum Tanz auffordern und ich wollte testen, wie ich nun als junger Gentleman ankomme. Nachdem ich meinen Eintrittsobolus bezahlt hatte, bestach ich einen älteren, plattflüssigen Ober mit einem kleinen Trinkgeld, um mich an einen strategisch gut platzierten Tisch zusetzen. Wahrscheinlich war das Trinkgeld zu klein, denn er wies mir einen Tisch in der Nähe des Orchesters zu, an dem schon ein Konkurrent saß. Kaum hatte ich eine halbe Flasche Wein bestellt, als eine unglaublich dicke, vollbusige, groß gewachsene, etwa 40 jährige Walküre auf meinen Tisch zusteuerte. Sie sah zum Fürchten aus; ich lehnte dankend ab und sträubte mich energisch dagegen aufzustehen, um mit ihr zu tanzen. Im Null Komma nichts wurde ich vom Geschäftsführer aus dem Tanzpalast komplementiert. Was ich nicht wusste, dass man bei der permanenten Damenwahl keinen Tanz ablehnen durfte. Das war meine „honi soit, qui mal y pense" Story. Frustriert suchte ich Trost, wo ich mir die Damen selber aussuchen konnte.

Bei einem Innenstadtbummel, nun als junger Gentleman, nahm ich einen Drink im berühmten Café Jungfernstieg. Ein etwa Gleichaltriger setzte sich an den Tisch. Wir unterhielten uns über Gott und die Welt, schielten den Mädchen nach und erzählten uns die neuesten Witze. Nachdem er mich fragte, was ich so mache, erzählte er mir, er verdiene jede Woche 300 DM. Ich konnte es kaum glauben, dass es solche Jobs gibt. Er war Drücker, aber ich hatte bis Dato noch nie von solch einem Beruf gehört, aber natürlich war ich sofort höchst interessiert. Damals 300 DM die Woche, unglaublich; er war schlicht Vertreter, bzw. Zeitschriftenwerber. Nach ein paar Bier bot er mir an, mich mitzunehmen, vielleicht wäre es ja etwas für mich. Ich solle um Sieben Uhr am Hauptbahnhof sein, um dann mit mehreren Leuten nach Pinneberg „ins Gebiet" zu fahren. Ich brauchte nicht lange zu überlegen und war am nächsten Morgen pünktlich am Zug. Er stellte mich seinem Kolonnenführer vor, der eine Gruppe von 12 Leuten eines jeden Alters betreute. In Pinneberg gingen wir zuerst in ein kleines Kaffeehaus, hier wurde das zu bearbeitende Gebiet nach Strassen eingeteilt, um dann die Häuser, Tür für Tür, treppauf, treppab abzuklappern. Ich sollte meinen neuen Freund begleiten, der mich einarbeiten würde, mittags trifft man sich dann wieder. Wir marschierten von Haus zu Haus, klingelten an jeder Tür und verkauften mit der Studentenmasche Quick & Weltbild und wenn wir Glück hatten, auch Velhagen & Klasing und Westermanns Monatshefte. Mein neuer Freund war ein guter Verkäufer und hatte Mittags schon sechs Jahres Abos. Er meinte 10 bis zwölf Abos pro Tag seien machbar und eine sehr gute Quote. Für einen Quick und Weltbild Vertrag gab es je fünf Mark, für die Monatshefte je 10 DM Provision. Bis abends begleitete ich ihn und er hatte es wirklich geschafft elf Magazine zu verkaufen. Wir verabredeten uns für den nächsten Morgen, um wieder nach Pinneberg zu fahren, dann solle ich es mal selber versuchen. Gesagt, getan. Nachdem mir der „Kolonnenführer" mein Gebiet zugewiesen hatte, machte ich mich auf die Socken. Meinen Spruch hatte ich nachts eingeübt. Als ganz nett aussehender junger Mann und anständig angezogen, hatte ich sofort Erfolg. Mittags am Treffpunkt, nach bereits 3 Stunden hatte ich schon 8 Scheine. Ich nahm an, jeder findet es toll, aber denkste, der Kolonnenführer und die anderen sahen mich sehr eigenartig an, um es freundlich auszudrücken. Der Boss nahm meine Scheine und forderte mich auf, hier auf ihn zu warten, er werde meine Aufträge kontrollieren. Die anderen waren wieder auf der Gasse und ich wartete 2 Stunden im Café auf den Oberdrücker. Freudestrahlend kam er zurück, machte mir überschwängliche Komplimente, entschuldige sich und bat mich um Verständnis für sein Misstrauen. Eigentlich sei es außergewöhnlich in 3-4 Stunden so viele Scheine zu schreiben. „Linke Vögel" hätten schon ihre Aufträge auf dem Friedhof mit dem Namen Verstorbener geschrieben. 20 Scheine pro Tag waren nun für mich keine Seltenheit, so wurde ich auf Anhieb der neue „Stardrücker" und verdiente im Schnitt circa 400 bis 500 gute alte Mark pro Woche! So manches Mal wurde ich von netten Hausfrauen zum Kaffee eingeladen und ab und zu auch schon mal zu mehr.

Eines Tages rief mich mein Freund Kapitän Harms an und lud mich ins Hotel Reichshof Nähe des Hamburger Hauptbahnhofs ein, damals ein Top Hotel. Er möchte mir eine sehr gute alte Freundin vorstellen und mich zum Essen einladen. Ich wartete an der Bar und nahm einen Drink, als er in Begleitung einer alten eleganten Lady, schätzungsweise Mitte 70 herein kam. Diese reizende alte Dame war Gräfin G., österreichischer Adel und lebte in Nizza an der Cote Azur. Ich versuchte mich mit meinem Schulfranzösisch, das ihr gefiel. Mein Sponsor Harmsen verkaufte mich wie schon gewohnt sehr gut und die Gräfin engagierte mich vom Fleck weg für einen Monat als ihren Begleiter und Chauffeur und über die Bezahlung würden wir uns schon einig. Sie fragte mich, ob ich eventuell im Februar/März nächsten Jahres Zeit hätte, um nach Nizza zu kommen, da ihr Chauffeur dann seinen Urlaub nimmt. Ich wäre ihr am liebsten um den Hals gefallen und akzeptierte natürlich sofort. Sie bewohne auf dem Boulevard Carnot ein schönes Anwesen, erzählte mir Kapitän Harmsen, er habe seine Freundin oft dort besucht. Wir hatten gerade Anfang Dezember und ich solle am 3. Februar in Nizza sein, aber wir würden vorher noch telefonieren. Ich schwebte im 7. Himmel - Frankreich - Cote Azur - Nizza!

Tage darauf entschloss ich mich zunächst einmal Weih - nachten nach Berlin zufahren, auch um mich zuhause zu präsentieren. Das Preiswerteste damals war es per Anhalter zu fahren. Ich erwischte zwei Jungs, die Borgward Autos über Helmstedt nach Berlin überführten. Vorne ein 1 1/2 To Borgward, auf dem ein Pkw stand und im Schlepptau ein Dreirad auf dem ein zweites mit einem abmontierten Vorderrad aufgebockt war. Bis zur Zonengrenze saß ich während dieser Nachtfahrt im vorderen Wagen mit Radio und Heizung und wir hatten eine angeregte Unterhaltung. Der Fahrer schlug mir vor es doch mal als Autoverkäufer zu versuchen und wir verabredeten gemeinsam in Berlin zu seinem Boss zu gehen. An der Grenze Marienborn wechselten die Fahrer die Wagen und ich wollte mit meinem Fahrer in das an einem Schleppseil hängende hintere Dreirad steigen. Beide aber bestanden darauf, dass ich vorne bleibe, da es im Abschleppwagen keine Heizung gäbe. Kurz nach der Zonengrenze, vor der Magdeburger Börde, Fahrbahn-wechsel auf die linke Gegenfahrbahn, anschließend wieder auf die rechte Fahrbahn. Plötzlich, aus dem Nichts auftauchend, direkt nach dem Wechsel, steht rechts ein unbeleuchteter, abgestellter Lastwagen. Ein Ruck, ein dumpfer Knall, einen kurzen Stillstand und unser Wagen schoss mit einem Satz nach vorne. Der hintere am Schleppseil hängende Tempowagen war unter den unbeleuchteten Laster gerast, weil wir vermutlich etwas zu schnell waren. Der neue Freund war auf der Stelle tot. Wieder war ich dem Teufel von der Schippe gesprungen und es war nicht das letzte Mal in meinem Leben. Zwei Tage lang hielt man uns bei der Volkspolizei Magdeburger Börde fest. Endlose Verhöre, bis man uns schließlich nach Berlin entließ. Nur noch mit dem Anderthalbtonner und dem PKW hinten drauf kamen wir beim Borgward Händler in Berlin an. Für den Autohausinhaber war es war ein enormer Verlust. Alle waren ziemlich fertig. Schüchtern unterrichtete ich den Chef von dem Angebot es als Autoverkäufer zu versuchen. Er blickte mich nach-denklich an und nickte dann, aber er könne mich im Moment nicht fest einstellen, erstmal nur zur Probe.

Als nun erfolgreicher junger Mann besuchte ich meine Mutter. Ihr fehlte es noch an allen Ecken und Enden und so zahlte ich 5.- DM pro Nacht, um bei ihr zu wohnen. In den darauf folgenden Tagen startete ich mit reichlich Prospekten und Optimismus bewaffnet meinen ersten Versuch als Autoverkäufer. Bis Weihnachten war es ja noch Zeit. Ich suchte mir meinen alten Kiez aus und spazierte munter in der Grollmann Strasse von Geschäft zu Geschäft. Schnell musste ich erfahren, niemand nahm mich mit meinen 20 Jahren als Autoverkäufer ernst. Mit den typischen „Berliner Sprüchen" setzte man mich immer wieder vor die Tür. Irgend etwas musste ich falsch machen. Die Moral der Geschichte, nach 4 Tagen gab ich auf und dachte reumütig an meinen Drücker Job zurück.

Äußerst schwierig erwies sich die Kontaktaufnahme zu meinem Vater; aus Rücksichtnahme konnte ich ihn bis zu meiner Abreise nur 2 Mal heimlich treffen! Das erste Mal bei Ricci am Leniner Platz, das zweite Mal im Café Kranzler. Natürlich freute sich Vater über meinen Erfolg, nur für mich war es völlig unverständlich, weshalb er sich gegen dieses impertinente Weibsstück nicht behaup - ten konnte, das jetzt auch noch begann, ihm das Leben zur Hölle zu machen. Ich hasste Vaters schlimmes Ab - hängigkeitsverhältnis und auch die unglaubliche Hilf - losigkeit eines eigentlich doch so tollen und mutigen Mannes, der überall in Berlin beliebt und bekannt war. Was war bloß passiert? Dieses Drama mit anzusehen zu müssen, war sehr schwer für mich und ich begann mich innerlich von meinem Vater zurück zuziehen.

Eines Abends besuchte ich das Training meines alten Vereins Tennis Borussia. Hier lernte ich Bubi G. kennen,

Sohn wohlhabender Eltern, der einen VW-Käfer besaß. Bubi wollte irgendwann nach Weihnachten nach Frankfurt fahren und würde mich mitnehmen. Das traf sich wunderbar, denn von dort konnte ich dann mein erstes Auslandsabenteuer Nizza starten.

In Marienborn an der Zonen Grenze angekommen, wie immer das übliche Theater der Vopos mit den Abferti - gungskontrollen. Nach mehreren Stationen, musste man am Schlagbaum noch einmal die Brieftaschen vorzeigen, dieses Mal kontrolliert von einem breit sächsisch sprechenden Vopo Flintenweib. Wir empfanden das als reine Schikane nach den schon fünf gründlichen Kontrollen vorher. Da Bubi diese Prozedur schon kannte, schlug er vor aus „Dafke" unsere schon kontrollierten Brieftaschen schnell noch voller „Pariser" zu stopfen. Ich fand die Idee natürlich toll. Beim Vorzeigen fielen natürlich einige wie durch Zufall aus den nun überfüllten Brieftaschen. Unsere sächsische Vopo Tante führte darauf voller Empörung einen ungeheuren Veitstanz auf, schimpfte auf sächsisch mit einer sich überschlagenden Stimme und forderte uns auf, sofort den Wagen zu verlassen. Aufgeschreckt kamen mehrere Vopos angerannt und die Elite der uniformierten sächsischen Jugend

konnte sich kaum das Lachen verkneifen, trotzdem verbrachten wir einige Tage an der Grenze im Ost Knast.

Ende Februar 1954 stieg ich in Frankfurt in den Zug Richtung Nizza. Stunden später war ich das erste mal im

Ausland. Nach Genua wurde es wie durch Zauberhand auf einen Schlag ein herrlicher Frühlingstag. Die sonnenüberflutete Italienische Riviera. Blauer Himmel, blaues Meer und blühende Bäume; mich überkam ein überwältigendes Glücksgefühl und ich konnte mich an dieser herrlichen Kulisse nicht satt genug sehen. In Nice holte mich der Chauffeur der Comtesse ab. Am Boulevard Carnot angekommen, begleitete mich ein Diener erstmal zu meinem Zimmer im ersten Stock. Nachdem ich mich frisch gemacht hatte und den herrlichen Blick über den blühenden Garten in mich aufgesogen hatte, empfing mich die Comtesse unten im Salon und ich begrüßte sie wie es sich gehörte mit Handkuss. Die alte Dame war von einer umwerfend liebenswürdigen Art und freute sich, dass ich endlich da war. Wir besprachen meine zukünftigen Aufgaben und die Pläne der nächsten Tage. Für die Mahlzeiten sorge die Köchin und ob ich einen Vorschuss benötige? Oh ja! bedankte ich mich artig. Als junger Mann und „Sohn eines Freundes" sollte ich sie täglich begleiten und während des Urlaubs des Chauf - feurs ihren Wagen fahren, einen alten, großen dunkel - blauen De-la Haye. Ab 13 Uhr habe ich mich   bereit zu halten und die Vormittage könne ich nutzen um Nice zu erkunden. Nun hatte ich wirklich das große Los gezogen! „Heute Abend sind wir auf dem Cap Ferrat, bei meinem alten Freund Somerset Maugham eingeladen." - Ich hatte keine Ahnung, wer Mister Maugham war und sie fuhr fort: „ Er sei ein alter englischer Freund, über 80 und ein berühmter englischer Schriftsteller. Er lebe dort in seinem Alterssitz voller Antiquitäten mit seinem Sekretär und Freund. Er habe übrigens in Heidelberg studiert und spreche leidlich deutsch und er stottere er ein wenig".

Zur verabredeten Zeit fuhren wir zum Cap Ferrat. Sein Sekretär James, elegant, etwa 40 Jahre, empfing uns im Foyer und er gab der Contesse einem vollendeten Handkuss. Die hohe Eingangshalle, von dem aus eine breite Treppe in die oberen Räume führte, machte einen überwältigenden Eindruck auf mich . Die Wände waren rings herum mit den wichtigsten Vertretern der französischen Impressionisten geschmückt, Matisse, Degas, Toulouse Lautrec, Renoir, Monet, van Gogh und Cézanne. Gemäl - de in allen Größen.

James führte uns in den Salon des Hauses, in dem uns Mr. Maugham empfing. Mister Maugham, ein freundlicher alter Herr zog mich sofort in seinen Bann, ich bewunderte seine Deutschkenntnisse und er war ein vollendeter Gastgeber. Nach dem Dinner bat Mister Maugham seinen Sekretär, der während des Diners ungeniert seine Sympathie für mich kund tat, mir sein wundervolles Anwesen und seine Kunstsammlung zu zeigen. Brav folgte ich, obwohl ich mich nicht so richtig wohl in meiner Haut fühlte. James war ein stattlicher, eleganter Mann, jedoch einer der typischen anthropologischen Varianten des Lebens, er war Homosexuell. Während des Rund -

gangs tänzelte er plaudernd um mich herum und für mich begann der Unterricht in Kunstgeschichte und der französischen Malerei des 1900 Jahrhunderts. So nebenbei wollte er wissen, wie ich die Contesse kennen - gelernt habe und er schwärmte von ihr in den höchsten Tönen - sie sei eine wahre Lady der Gesellschaft, kinder - los, wohlhabend und kenne alle wichtigen Leute an der Cote und ich solle sie mir warm halten, wobei er mir ein Auge zukniff. Widerlich die Art, wie er sich mit mir ver - bünden wollte.

Wie dem auch sei, großen Eindruck auf mich machten in der ersten Etage die zwei großen, mit Kunstgegenständen ausgestatteten Marmorbadezimmer mit ihren übergroßen Spiegeln. Die zwei großen, hohen Fenster waren mit langen hellblauen, zur Seite gerafften Seidenstores bedeckt. Am Fußende einer jeden, der übergroßen Badewannen befand sich je ein Sims von etwa 1x1 Meter, auf dem etwa je 15 verschieden große, fein geschnitzte Elfenbeinfiguren standen in einem dieser wahrlich fürstlichen Badezimmer bestanden die Figuren aus weißem Elfenbein, im anderen aus schwarzem Elfenbein. Ich hatte keine Ahnung dass es schwarzes Elfenbein gibt. In den großen, hohen Räumen der Villa standen die herrlichsten Möbel und teuersten Antiquitäten. Mister Maugham war wirklich ein großer Sammler und Kunst- liebhaber. Zum Schluß zeigte mir James die Dachterrasse mit dem Blick auf die weit entfernten Lichter des gegenüber liegenden Cap D'Antibes. Während er mir das Cap beschrieb, legte er wie rein zufällig seinen Arm um meine Schulter und meinte, ich solle doch unbedingt Somerset und ihn mal am Tag besuchen, dann wäre die Aussicht hier oben wunderbar und er würde sich freuen mich wieder zu sehen. - Das war zu viel für mich! Er spürte meine spontane, deutliche, unwillige Reaktion mit der ich mich wegdrehte, außerdem hatte ich Mühe, höflich zu bleiben. Er respektierte es sofort und zog seinen Arm zurück. Ich gab ihm zu verstehen, dass ich „Normal" sei, worauf er sich vor mich stellte, mir tief in die Augen blickte und sagte: „How wonderful my dear".

Auf der Rückfahrt fragte mich die Comtesse, ob James mir Avancen gemacht hätte; ich nickte nur und sie amüsierte sich köstlich darüber. Sie meinte mit einem tiefen Seufzer, das sei schon immer so gewesen sei, die meisten gut aussehenden, eleganten und wohlerzogenen Männer sind meistens schwul, aber sie hoffe, dass ich normal bin und der Damenwelt erhalten bleibe. Ich ver - sprach es ihr!

Am nächsten Morgen war ich frühzeitig auf den Beinen. In der Küche hatte mir die Köchin schon ein kleines Frühstück vorbereitet, anschließend fuhr ich per Bus zur „Promenade des Anglais". Nach langem Spaziergang am Meer entlang ging ich in ein einladend aussehendes klei- nes Café nahe der Bushaltestelle. Am Nebentisch saß eine hübsche blonde Französin. Leicht erkennbar als Ausländer, auch durch mein Schulfranzösisch, ergab sich ein nettes Gespräch. Sie erklärte mir, dass es ihr Stamm Café sei und in der Nähe arbeite.

Den folgenden Tag fuhr ich die Comtesse zu einem herrlichen Anwesen aufs Cap D'Antibes, das ihrer Freundin Florence Gould gehörte. Mit einem vieldeutigem Blick warnte mich die Comtesse: „Sie liebt junge Männer". Schon als sehr junges Mädchen heiratete sie den Sohn des Eisenbahn Milliardärs Gould, der früh starb und ihr ein Vermögen hinterließ. Ihr gehörte damals glaube ich, das halbe Cap D'Antibes und in Juan les Pins das Hotel „Provencial". Gegen Abend lud uns Madam Gould zum Dinner nach Juan les Pins in ihr Hotel ein. Die Hotelbar war der Treffpunkt der eleganten Welt. Mrs. Gould flirtete ungeniert mit mir und sie machte keinen Hehl daraus, dass ich ihr gefiel. Immer wenn sie mich mit ihren warmen Blicken ansah, machte sie mich so verlegen, dass ich um das eine oder andere Mal rot wurde. Sie war schließlich viel zu alt für mich. Die Damen jedenfalls amüsierten sich köstlich. Um erwachsen zu wirken fragte ich Madam Gould tapfer, ob ich sie denn mal besuchen dürfe, wenn ich wieder an die Cote komme? Jederzeit, antwortete sie, streichelte meine Wange und gab mir ihre Karte.

Einige Tage später hatte meine Comtesse eine Überraschung für mich. Sie wollte mir die berühmte Kapelle von Henri Matisse in St. Paul de Vence zeigen und sie hatte ein Treffen mit dem Maler arrangiert. Aus der Ferne aussehend wie eine Burg, eingebettet in einem gelben Blütenmeer aus Mimosen, lag dieses Bergdorf.

Matisse, trug seine Arbeitskleidung, hatte einen grauen Bart, eine Brille auf der Nase und einen hellen Hut auf. Die Comtesse umarmte ihn und stellte mich vor. Tief beeindruckt einen so berühmten Maler kennen gelernt zu haben, ging es bald zurück nach Nice. Henri Matisse starb noch im gleichen Jahr.

Auf dem Nachhauseweg lud mich die Comtesse noch zu einem Drink ins Hotel „Ruhl" ein, wie immer traf sie Bekannte. Dieses Hotel auf der Promenade Des Anglais gelegen, war ein Kleinod, reinster Jugendstil. Es war neben dem „Negresco" das eleganteste Hotel damals. Leider existiert es schon lange nicht mehr. Vor dem ersten Weltkrieg, als Nice das Winterdomizil des Europäischen Adels wurde, war es der Treffpunkt der feinen Gesellschaft. Das müssen Zeiten gewesen sein! Man spürte förmlich noch die „Belle Epoque" und deren barocke Lustbarkeit. Alles reiner Jugendstil. Ich fühlte mich wie ein echter Prinz und wünschte, dass meine Eltern mich hier so sehen würden.

Die nächsten Tage hatte ich frei und nahm einen Espresso in meinem kleinen Café auf der Promenade neben der Bushaltestelle. Keine Nicole. Planlos bummelte ich durch die Geschäftsstraßen versuchte hier und da meine Französisch Kenntnisse an den Mann zu bringen und so marschierte ich von einem „Bureaux Tabak" zum nächsten. Diese Bureauxs Tabaks mit ihren langen blanken Messingstresen luden mich immer ein: Deux oeufs dur avec de la Moutarde, oder die frischen Baquettes au Fromage avec un „Petit Rouge" zu genießen. Diese Bistros habe ich damals lieben gelernt. Am darauf folgenden Tag zur Mittagszeit, wieder in mein kleines Café. Und dieses mal erschienen die hübsche, blonde Nicole. Glücklich überfiel ich sie, redete mit Händen und Füßen in meinem Schulfranzösisch auf sie ein, weil ich sie nach Geschäftsschluss zu einem Drink an der Bar des „Ruhl" einladen wollte. Sie gestand noch niemals im „Ruhl" gewesen zu sein und außerdem sei es doch sicher viel zu teuer. Ich bestand darauf und schlug vor, anschließend vielleicht irgendwo Essen zu gehen, ich sei jedenfalls mit allem einverstanden. Flirtend begleitete ich meine Eroberung zu ihrem Büro. Schon eine halbe Stunde vor der verabredeten Zeit war ich im Ruhl. Endlich erschien sie. Wir nahmen unseren Drink, ich lernte Französisch und wir lachten sehr viel. Bevor ich noch mal bestellen konnte, nahm sie die Situation in die Hand: „Lass uns doch lieber auf den Markt gehen und etwas zu essen einkaufen, dann mache ich uns ein kleines Dinner bei mir, Ein - verstanden?" Ich brauchte nicht lange zu überlegen! Wir kauften zwei Filets, einen Salat und zwei Flaschen du Vin Rouge. Nicole wohnte in einer kleinen, angenehmen zwei Zimmerwohnung in der 6. Rue des Fleur. Es war ein modernes Haus, indem es Gott sei Dank schon ordentliche Toiletten gab, ich hasste nämlich diese damals üblichen Plumpsklos mit dem Loch im Boden, bei denen man beim Spülen nasse Füße bekam. Wenn ich mich darüber beschwerte, meinten die Franzosen nur beleidigt, sie seien viel hygienischer, als diese Modernen Klos. Nicole bereitete ein einfaches, aber hervorragendes Dinner. Bei Kerzenlicht und der langsam einsetzenden Wirkung des Weins flirteten wir immer heftiger. Es wurde eine wunderschöne lange Nacht, die bis zum Morgen - grauen dauerte.

Am folgenden Sonntag Abend gab Lionel Hampton in der Oper von Monte Carlo ein Jazz Konzert. Freunde der Comtesse, mit denen sie anschließend im Hotel de Paris verabredet war, hatten uns zwei Karten besorgt, das Hotel liegt direkt gegenüber der Oper. Natürlich besaß ich noch keinen Smoking, aber Smoking war damals absolut Usus. Die Comtesse ließ mir einen besorgen, der aber leider etwas zu kurze Ärmel hatte. Sie musterte mich amüsiert und meinte: „Du siehst wie ein Junge aus gutem Hause aus, der etwas kurz gehalten wird". Es machte mir überhaupt nichts aus, denn ich freute mich riesig auf Monte Carlo und auf das Jazzkonzert.

Es war ein großes gesellschaftliches Ereignis. Jeder der etwas auf sich hielt war anwesend, sogar A. Onassis, mit seiner Entourage, der mit seiner Jacht „Reina Christina" im Hafen lag.

Das Konzert war fantastisch. Lionel Hampton gab an die- sem Abend zehn Zugaben, die wieder und wieder vom begeisterten Publikum laut per Akklamation gefordert wurden. Vor jeder Zugabe blickte Hampton zur Fürstenloge empor und wartete kurz, bis der damals noch junge Fürst Renier durch ein Kopfnicken sein Einverständnis gab. Erst beim elften Mal schüttelte er verneinend den Kopf. Meine Comtesse meinte später ein wenig verächtlich: „Dieser aus einem Seeräuber Geschlecht stammende Renier sei der größte Hurenbock der gesamten Cote d'Azur". Die zwölf Musiker der Bigband waren, glaube ich, mit Drogen vollgepumpt. Mir fiel jedenfalls auf, dass sie sich untereinander öfter anstießen, wahrscheinlich, um ihren Einsatz nicht zu verpassen.

Nach dem Konzert begleitete ich die Comtesse ins Kasino, sie spielte Baccara und gewann. Ich durfte hinter ihrem Stuhl stehen und war ihr Glücksbringer. An - schließend trafen wir Ihre Freunde im Hotel de Paris. Im Foyer entdeckte uns James und kam sofort an getänzelt, um die Damen mit seinem vollendetem Handkuss zu begrüßen, mich erinnerte er an mein angebliches Versprechen, mich doch mal zu melden. Es war mir richtig unangenehm und ich spürte, dass meine Comtesse mich genau beobachtete. In den folgenden Tagen besuchten wir Grasse, die Parfümstadt und anschließend noch mal Eze, so verging die Zeit im Fluge.

Kurz vor meiner Abreise bekam die Contesse Besuch von ihrem alten Duzfreund Dr. Alverenga, ehemaliger Kabinettschef des brasilianischen Präsidenten Vargas und damals Gesandter in Prag, wo er auf seine Pensionierung wartete. Er war bis 1942, 10 Jahre brasilianischer Gesandter in Berlin und ging dann während des Kriegseintritts Brasiliens gegen die Achsenmächte, zurück nach Rio de Janeiro. Dr. Alverenga, um die 75, sprach 6 Sprachen fließend. Während des Abschiedsdinners, vor meiner Abreise nach Hamburg, das meine Comtesse für mich gab, schlug Dr. A. vor, ihn doch im April auf einer halb dienstlichen, halb privaten Reise nach Marokko zu begleiten. Sein Plan, er hätte vor diese Reise mit seinem neuen Buick 1955 zu machen, aber in seinem Alter würde er lieber eine solche lange Fahrt in Begleitung machen. Die Comtesse hätte vorgeschlagen, mich doch als Gentleman Sekretär zu engagieren, wobei wir uns beim Chauffieren abwechseln könnten, da ich ein exzellenter Autofahrer sei. Die Reise daure circa drei Monate und ob ich mit 1500 DM pro Monat einverstanden sei? Selbstverständlich alles andere frei und zehn Mark Taschengeld täglich! Die Vergütung für meine Zeit werde vor der Abreise auf einer Deutschen Bank deponiert! Diese Überraschung saß! - Ein Student lebte damals von 250 DM monatlich und verdiente beim Studenten Schnelldienst 2.50 die Stunde! - Jähes Glücksgefühl überwältigte mich, ich wußte gar nicht wie mir geschah, verlor jede Contenance, sprang auf, bedankte mich und umarmte ziemlich ungestüm meine Comtesse, die mich empfohlen hatte. Dr. Alverenga und ich tauschten die

Adressen aus und verabredeten, dass er mir seine Ankunft aus Prag 14 Tage vor Beginn der Reise mitteilt.

Tage später reiste ich überglücklich und voller Zuversicht zurück nach Hamburg. Mein erster Weg galt meinem alten guten Kapitän Harmsen, um mich tausendmal zu bedanken. Drei lange Tage versuchte ich ihn telefonisch zu erreichen, ohne Erfolg, also machte ich mich auf den Weg nach Blankenese. Auf Klingeln und Klopfen keine Reaktion, bis endlich ein Nachbar aufmerksam wurde. Mit trauriger Miene teilte er mir mit, der Käp'ten sei vor einer Woche bei einem Unfall ums Leben gekommen und vorgestern beerdigt worden ist; er liege hier in Blankenese auf dem Friedhof. Es traf mich wie ein Blitz und ich liess meinen Tränen freien Lauf. Sofort meldete ich aufgewühlt ein Gespräch nach Nizza an und teilte der Comtesse den Verlust unseres Freundes mit.

Hamburg war plötzlich leer. Diesen guten Freund, dem ich so ungeheuer viel zu verdanken hatte, gab es nicht mehr. Nach einer durchzechten Nacht landete ich morgens auf dem Fischmarkt. Die ganze Nacht über war der Kapitän immer wieder in meinen Gedanken präsent, als er mir plötzlich von oben eine Botschaft sandte.

Die „Drückerei" musste doch überall in Deutschland funktionieren und warum sollte ich eigentlich wie ein Herdentier innerhalb einer Kolonne arbeiten? Nach einem Telefonat mit dem Verlag bestellte mann mich in das Hamburger Büro. Bei diesem Termin war auch mein alter

Kolonnenführer anwesend. Er bestätigte die über durch -
schnittlichen ca. 20 Scheine täglich und meine
Erscheinung taten wohl das Übrige. Ja, Kleider machen
eben Leute. Ich erhielt als erster „Drücker" die Erlaubnis
alleine zu arbeiten und dazu hatte ich mir die damalige Hauptstadt Bonn ausgedacht in der Nähe meines
Internats. Hier werde ich versuchen, die Ministerien zu
bearbeiten. Ich erhielt zwei Kontaktadressen, eine in
Düsseldorf und eine in Frankfurt, mit denen ich mich in
Verbindung setzen sollte, die dann auch meine Provision
bezahlen.

Einige Tage darauf, mittlerweile mit elegantem Gepäck,
reiste ich ab. Im Düsseldorfer Büro holte ich mir die
Auftragsblöcke und entsprechenden Belegexemplare. Ich
solle die „Scheine" wöchentlich per Einschreiben schic -
ken, dann werde man mir postwendend telegraphisch
mein Geld senden, alles andere würde sich schon
einspielen.

Nachdem ich mir in Bonn ein kleines Zimmer gesucht
hatte, machte ich mich auf den Weg zu meiner alten
Schule nach Oberkassel. Man empfing mich wie einen
verlorenen Sohn und die Familie Dr. Heel lud mich im
alten Speisesaal zum gemeinsamen Essen am Inspek-
torentisch ein. Vorher wurde ich der Schülerschaft als
„Alter" vorgestellt. Schnell sprach es sich herum, dass ich
es war, durch den die Bastonade abgeschafft wurde. Der
Held war zurückgekehrt. Heels hatten meinen nicht ganz

freiwilligen Abschied von der Schule nicht vergessen und der alte Direktor Dr. Heel bot mir an, doch als Externer mein Abi nachzuholen. Ich wusste schon, warum ich an dieser Schule so hing! Eine tolle Geste, empfand ich voller Dankbarkeit. Da ich aber dem Quick Verlag gegenüber Verpflichtungen eingegangen bin und Geld verdienen musste, lehnte ich zunächst einmal ab und erklärte KF Heel jun. meinen „Studentenjob" als Zeitschriftenwerber. Nachdem die Heels Westermanns Monatshefte und Velhagen & Klasing abonniert hatten, bekam ich für die Bonner Ministerien eine Empfehlung, die Gold wert sein sollte. Hierzu muss man wissen, das damals dieser Job von Studenten mit entsprechendem Auftreten absolut akzeptiert war. Heute ist es ja alles ganz anders geworden. Jeans, Sweatshirt und Turnschuhe genügen, außerdem erhält heute jeder Bafög und man kann sogar, ohne entsprechendes Aussehen oder Abitur und Fremdsprachen, Außenminister werden - die neue Kulturzeit.

Ein ehemaliger Kalkühler, leider kenne ich nicht mehr seinen Namen, bekleidete in Bonn den Posten eines Ministerialdirigenten. Dieser Ehemalige war ein Freund vom Dr. Klaiber, der in gehobener Position im Bundespräsidialamt arbeitete und einen direkten Zugang zum Bundespräsidenten Theodor Heuss hatte. Beide konnte ich von meinen lauteren Absichten überzeugen, mein Abitur in Kalkuhl nach zu machen, um anschließend in Bonn Jura zu studieren. „Hierzu gibt mir der Verlag die Möglichkeit, falls ich möglichst viele Abonnements verkaufe". Das Wunder geschah. Ich bekam als erster überhaupt die Erlaubnis alle Bonner Ministerien zu bearbeiten, außer dem AA, dem Auswärtigen Amt und dem Amt Blank, dem späteren Ministerium für Vertei - digung.

Meine ersten Trophäen waren gleich 3 Abonnements verschiedener Zeitschriften, die der Bundespräsident Professor Heuss bei mir persönlich auf schwäbisch bestellte, dann startete ich im Wirtschaftsministerium, welches ich fast 1 Monat lang bearbeitete. Systematisch besuchte ich alle Büros und vor allem die Schreib-kanzleien, in denen die vielen Sekretärinnen saßen. Mit meinem jugendlichen Charme bat ich kurz um die Aufmerksamkeit, hielt einen netten Kurzvortrag und die meisten der Damen traten an, um zu unterschreiben und machten mich reich. Meine Tagesausbeute lag selten unter 50 Abos! Mit einer immer ausgefeilteren Vortragskunst gewann ich in kürzester Zeit, als bester Verkäufer des Quick Verlages damals die berühmte „Goldene Nadel".

Dann endlich war es soweit. Das lang ersehnte Tele-gramm von Dr. Alverenga traf ein, indem er mich bat nach Frankfurt zu kommen, um unsere Reise anzutreten. Den Reisepass hatte ich mir schon besorgt und so fuhr ich übermütig schon eine Woche früher nach Frankfurt. Dieses Mal leistete ich mir ein erster Klasse Billett. In

Frankfurt angekommen, suchte ich mir in der Nähe des Bahnhofs eine kleine Pension, damals noch eine „anständige" Gegend. Um für Spanien und Afrika gerüstet zu sein, kaufte ich mir in der Kaiserstraße einen hellen Popeline Anzug, Schuhe, eine schicke Badehose, meine ersten Lacoste Hemden und einen eleganten, gelben schweinsledernen Koffer. Bei meiner Einkaufstour entdeckte ich das schöne, alte Café Kanzler an der Hauptwache, nicht weit entfernt vom Hotel Frankfurter Hof, dem Treffpunkt mit Doktor Alverenga. - Ich behaupte, dass das damalige Kranzler in Frankfurt auch in unserer Zeit, dass eleganteste Kaffeehaus in ganz Deutschland wäre. Leider gibt es solche Häuser in dieser eleganten Form nicht mehr. Unabhängig davon fand jeden Nachmittag um 5 Uhr ein Tanztee statt, man zog sich noch anständig an, Krawatte war obligatorisch. Die Jeans- und Turnschuh Zeit war noch nicht ausgebrochen und Tätowierte und Gepiercte gab sowieso noch nicht. Es war schlicht eine andere Kultur, eine andere Zeit. Heutzutage ist das Personal ja oft eleganter als die Gäste. Im diesem wunderbaren Café Kanzler lernte ich meine neue Frankfurter Jelskedei kennen. Da ich ein großer Fan von Georges Gershwin und dem Tänzer Fred Astaire war, der Gershwins Musik unnachahmlich durch seine Eleganz und Bewegungen auf's Parkett zauberte, versuchte ich seinen Stil zu kopieren. Es gab damals kaum einen Film mit Astaire, den ich nicht gesehen habe. Glücklich der,

der den Swing im Blut hat. Sehr bald fand ich heraus, wenn man es wie Astaire versteht seinen Körper als Instrument einzusetzen funktioniert es leicht den Verführer zu spielen, vor allem beim Cheek to Cheek z.B. bei den Gershwin Songs „I am in Heaven" - „They c'ant take this away from me" oder „Shall we Dance" oder „Change Partner and dance with me" - ect.-

Relativ schnell konnte mich meine neue Jelskedei überzeugen, in Zukunft nicht in Bonn, sondern in Frankfurt zu studieren, zumal ich die Miete sparen würde, wenn ich bei ihr wohne. Auch mein Abitur könne ich doch in Frankfurt nachholen. Der nette, wohlerzogene, für sein Alter etwas älter aussehende junge Mann war natürlich für jede dieser 30 jährigen Raubkatzen eine herrliche und leichte Beute - wie sollte es auch in diesem Alter anders sein.

Die abhängige Beziehung zwischen meinem Vater und seiner Frau Neumann diente mir schon damals als Warnung, bloß nicht von einer Frau abhängig werden, lieber öfters wechseln. Oft musste ich dabei damals an die Warnung meines Captain Harms denken: „Wer auf schlechtem Papier schreibt, versaut seine Handschrift". Doch je größer mein Jagdglück, je schöner wurden die Mädchen und die Gefahr für mich bestand eigentlich nur noch darin, dass sie bald alle schön waren. Am verab - redeten Tag traf ich Dr. Alverenga im Foyer des Frankfurter Hofs. Beim anschließenden Lunch im

Brückenkeller, besprachen wir die Einzelheiten. Anhand einer Karte erklärte er mir unsere Reiseroute. Eine meiner Aufgaben war es sich um das Gepäck und den Wagen zu kümmern, dazu erhielt ich für den jeweiligen Hoteldiener ein kleines separates „Pour boire Budget".

Das Problem mit den Visa für die jeweiligen Länder werde er immer vor Ort in seinen Konsulaten regeln. Obwohl nun schon 10 Jahre nach dem Krieg stellte sich heraus, dass Auslandsreisen für Deutsche noch sehr kompliziert waren. Für die Schweiz, Frankreich und Spanien dauerten Visa mindestens einen Monat und für Tanger, damals noch ein selbstständiger Freistaat, Spanisch und Französisch Marokko jeweils sechs Monate. 6 verschiedene Visa waren nötig. Nächsten Tag trat ich meinen Traumjob an und holte den Dr. im Hotel ab. Er übergab mir den Autoschlüssel seines brandneuen, dunkelblauen Buick Automatic, Baujahr 1955, vorne und hinteren ein rotes CD Nummernschild. Als erstes holten wir mein Schweizer Visum, anschließend fuhren wir zur Rhein Main Bank. Hier zahlte der Dr. meine Gage von sage und schreibe 4500.- DM auf meinen Namen ein. Es war ein irres Gefühl, ich fühlte mich wie der König Krösus. Schon Wochen vorher hatte ich mich bei allen mög-lichen Leuten erkundigt, wie es an den Grenzen mit einem CD Wagen funktioniert. Die Auskünfte waren beruhigend, CD Wagen werden durchgewinkt und grundsätzlich nicht kontrolliert und der Führerschein wurde sowieso vorausgesetzt.

Unglaublich aber wahr, meinen ersten Führerschein kaufte ich 1957 in Spanien, meinen ersten gültigen Führer - schein machte erst 1964 in Paris, nachdem ich auch dort die ersten 2 Jahre noch ohne gefahren bin. Diesen Schein verdankte ich einem guten Freund und Polizeioffizier, Andre T. 1962 „Commissair Prinzipal de la Mondaine". - Dazu im „German Liebling 2" während meines 5 jährigen Paris Aufenthaltes mehr.

Relativ schnell lernte ich jetzt nur mit Bremse und Gaspedal zu fahren. Das große Abenteuer begann. Punkt 8:00 Uhr morgens stand ich auf der Matte. Sportlich wie gewohnt, wollte ich dem Hotelboy behilflich sein, unser Gepäck einzuladen, als mir der Dr. versteckt einen Wink gab, nicht zu helfen. Zu meiner Verwunderung erklärte er mir hinterher, ich sei kein Chauffeur, sondern der Sekretär. Endgültig befördert, verließen wir Frankfurt Richtung Schweiz.

Nach der Grenze, keine zerstörten Häuser mehr. Die heile Welt der Schweiz stach damals förmlich nur so ins Auge.

Was für ein glückliches Land. Die Schweiz verdankt wahrscheinlich dem Admiral Canaris, dass Hitler nicht einmarschierte, lehrte mich der Doktor und begann mir Geschichtsunterricht zu geben.

Unsere erste Station in Zürich war das Hotel Dolder. Angekommen, besorgte ich mir zugleich einen bunten

Kofferaufkleber mit dem Namen des Hotels, den ich auf meinen gelben, schweinsledernen Koffer klebte. Es war große Mode damals die Koffer mit den Adressen der besten Luxushotels zu bekleben. - Dieser schöne Koffer, voll mit sämtlichen Aufklebern der Luxushotels in denen wir während der Marokko Reise übernachteten wurde mir Jahre später, während meiner Pariser Zeit, aus meinem Auto geklaut. Für mich damals ein unersetzbarer Verlust, den ich nie vergessen habe. Es war am 24. Dezember 1962, vor meiner ersten Pariser Wohnung, 5. Rue Lord Byron und ich war so stolz auf meinen schönen Koffer.

Am nächsten Morgen fuhren wir über Luzern nach Genf, hier logierten wir im Hotel du Rhone. Wir blieben 3 Tage. Über seine brasilianische Botschaft besorgte der Dr. in kürzester Zeit meine Visa für Frankreich und Spanien. Die Visa für Tanger, Spanisch Marokko und Französisch Marokko wurden von hier vorbereitet und sollten im Konsulat in Sevilla abgeholt werden. Tanger war damals noch ein neutraler Freistaat und eine berüchtigte Schmuggler Enklave. Es sollte ein großes Abenteuer werden. Dr. Alverenga fuhr mit Vergnügen fort mir Geschichtsunterricht zu geben und ich sog alles gierig in mich auf. Genf, die internationale Stadt, die Stadt Calvins, damals mit 40% Ausländer Anteil. Heute befinden sich hier ca. 200 internationale Organisationen, wie z.B. das 1863 gegründete internationale Rote Kreuz, später kam die UNO, dann die WTO, die Weltgesund -

heitsorganisation. Genf war immer eine Stadt des Austauschs, der Zukunft, des Friedens und der Inte - gration. Genf ist fast völlig vom französischem Terri - torium umgeben und die zweitgrößte Stadt in der Schweiz. Nach 3 herrlichen Tagen, nicht ohne das damals berühmte Bataclan mit seinen schönen Tänzerinnen besucht zu haben, verließen wir diese Stadt voller Flair, Richtung Monte Carlo.

Landschaftlich eine wunderschöne Fahrt, über Chamonix, wo ich zum ersten Mal den Mont Blanc ganz aus der Nähe sah, ging es über Turin zur Cote D'Azur, wir benötigten fast 10 Stunden. Hier lernte ich das Auto - fahren. Todmüde abends in Monte Carlo angekommen, stiegen wir im Hotel de Paris ab, in dem für mich ein Chauffeur Zimmer reserviert war. Dr. A. ging sofort zu Bett, während ich erst einmal meine Comtesse anrief. Wir verabredeten uns am nächsten Morgen zu einem gemeinsamen Frühstück im Hotel. Ich konnte nicht widerstehen noch schnell die Hotelbar zu erkunden, nahm einen Drink und ging dann auch bald schlafen. Morgens stand ich sehr früh auf, ließ erstmal den Wagen waschen, kaufte mir eine Zeitung und wartete bis zum Frühstück in der Hotelhalle auf meine Contess. Nach einem gemüt - lichen Petit Dejeuner hatten Dr. Alverenga und die Contesse in der Stadt geschäftlich zu tun, während ich Monte Carlo erkundete. Von einem meiner heiß geliebten Bistros zum anderen schlendernd, schielte ich nach den schönen Mädchen und genoss es den jungen Herrn zu spielen. Abends lud seine Exzellenz ins Restaurant des Hotel de Paris. Anwesend waren: Der brasilianische General Konsul mit Gattin, Maurice Bataille in Begleitung, Hotelier aus Paris und der damalige Besitzer des Eden Roc Hotel auf dem Cap D'Antibes, die Comtesse, seine Exzellenz und meine Wenigkeit. Zwei Tage später brachen wir auf. Über Marseille ging meine Abenteuer und Bildungsreise weiter nach Avignon, die Stadt der Päpste, wo wir den alten Papst Palast aus dem Jahr 1309 besuchten. Nach einem kleinen Lunch fuhren weiter zur alten Römerstadt Nimes mit seinem alten, 20.000 Zuschauer fassenden Amphitheater. Nach einem Abstecher zum berühmten, imposanten Pont du Gare aus dem 1. Jhr. n.Chr. ging es nach Monpellier, wo wir übernachteten. Dann über Perpignan nach Portbou, der Spanischen Grenze und weiter nach Barcelona.

Damals gab es weder in Frankreich noch in Spanien Autobahnen und die kleinen Landstrassen in dem damals noch bitterarmen Spanien waren unglaublich schlecht. Voller Schlaglöcher, eng und oft sehr kurvenreich, so dass es zu gefährlich war des Nachts zu fahren. Aus diesem Grunde dauerte unsere etwas abenteuerliche Fahrt bis Gibraltar alleine über eine Woche. In Barcelona blieben wir 2 Tage, besichtigten die herrliche Sagrada Familia von dem berühmten Architekten Antoni Gaudi erbaut, am tollsten aber gefiel mir die „Boqueria" an den Ramblas, diese schöne, große Markthalle aus Stahl und Glas.

Über Valencia und Alicante, Murcia fuhren wir nach Granada und besuchten die imposante Alhambra, die von den Mauren im Mittelalter errichtet wurde, nachdem diese die Iberische Halbinsel erobert hatten. Nach 2 Tagen ging es dann über Malaga und Cordoba nach Sevilla, wo wir im Hotel Alfonzo XIII abstiegen. Nachdem Dr. Alverenga in seinem Konsulat meine 3 Visa für Tanger, Spanisch und Französisch Marokko abgeholt hatte, fuhren wir nächsten Tag nach Cadiz zur Autofähre nach Tanger, der damals berühmten Schmuggler Enklave.

Hier logierten wir in dem Hotel „EL MINZAH". Eingecheckt wartete auf Dr. A. eine Einladung zur Hochzeit seiner alten Freundin Barbara Huttons, der Woolworth Erbin und damals reichsten Frau der Welt, die ihren Tennisbaron Gottfried von Cramm heiratete. Sie bewohn ten am Rande der Kasbah ein Palais, wie aus 1001 Nacht und mein spannendes Marokko Abenteuer startet auf dieser Hochzeit, bei der ich mit dem FLN in Kontakt komme, der Marokkanischen Widerstands -bewegung gegen die französische Besatzungsmacht. Exakt eine Woche später sollte ich mich als Beweis meiner Zusammenarbeit mit dem FLN in Rabat, in einem alten französischen Militärfort, mit meiner „Berliner Adresse" ins Goldene Buch eintragen. Vielleicht existiert dieser Eintrag noch heute. Von diesem Moment an hielt der FLN die Hand über uns, ohne das Dr.Alverenga etwas ahnte.

Ich war überzeugt das Richtige zu tun.

Expose der Fortsetzung
„German Liebling 2 "
Anfang 2019

Auf der Hochzeit Barbara Huttons, die drei Tage dauerte kommt es ohne Wissen des Dr. A zur heimlichen Zusammenarbeit mit der FLN, der marokkanischen Widerstandsbewegung gegen die Franzosen. Ich arrangiere in mehreren heimlichen- Treffen u.a. in Rabat, Meknes, Fez und Marrakech den Kauf von 100.000 Singer Nähmaschinen Nadeln für Gewehrbolzen und verhelfe einem deutschen Fremdenlegionär zur Flucht in den Freistaat Tanger. Der Tod der Contesse G. und die Rückkehr nach Frankfurt. Anschließend der erste Urlaub mit eigenem Geld in Cannes. Hier lerne am Carlton Plage, Aschraf, die Schwester des Schahs mit samt Entourage kennen. In ihrer Begleitung gewinne ich im Casino eine ansehnliche Summe. Ich kleide mich neu ein und bleibe 1 Monat. Es folgt eine 14 tägige Einladung nach Paris, mein

147

Zimmernachbar heißt Marlon Brando. Zurück in Berlin besuche ich die Schauspielschule, verdiene meinen Unterhalt u.a. als Ansager für Modeschauen und werde dabei als Fotomodel entdeckt.

„Um einen Anzug fürs „Herren Journal"zu fotografieren benötigte man damals 1 Std. und erhielt dann 5.- DM Gage pro Anzug." Bald werde ich von „Hello Weber" für div. Werbefilme engagiert. 1957 gehe ich als Print Werbe-Verkäufer für die AOT (American Overseas Tourist Service) für 8 Monate nach Barcelona, Mallorca und Madrid.

Zurück in Berlin werde ich von einem hübsches Mädchen überrascht, die mir einen Sohn schenkt, ich heirate noch vor der Niederkunft. Damals Ehrensache. In Abwesenheit Scheidung in Zürich, da ich wieder für die AOT INC arbeite. Die Mutter meines Sohnes heiratet einen Amerikaner und geht mit ihm in die USA. Während der Berliner Filmfestspiele 1960 lerne ich Frank Sinatra und seine damalige Frau Ava Gardner und 1 Jahr später J.P. Belmondo kennen. 1962 bis 1967 beginnt meine erfolgreiche Pariser Zeit. Hier werde ich Europas meist fotografiertes Werbe Male-Model, und erhalte 1963 als erster 1000-DM Tagesgagen. Europaweit werde ich für über 70 Werbefilme und TV Pilot-Spots engagiert.

Alleine für den Blendamed Pilotspot „In den Apfel zu beißen" werde ich 3 Mal zur „Arri" nach München eingeflogen. Die Dreharbeiten in Spanien, England,

Italien, Portugal Afrika, Ägypten, Israel, USA sind gespickt mit lustigen und spannenden Geschichten! Der französische Film engagiert mich bald in Rollen als „der „gute" deutscher Offizier". 1964 eröffne ich in der Rue de la Pompe 144, im 16 eme Arrondissement das „Studio Foch", entdecke hübsche Mädchen, fotografiere sie und mache ihre Composits. Bald war ich u.a. befreundet mit: Yves Montand, Edith Piaf, Charles Aznavour, Sofia Loren, Ursula Andres, Marlene Dietrich, die ich 1967 in NY Begleitung von Gene Kelly wieder traf und noch einmal später, kurz von ihrem Tod, im Maison D'Alle - magmagne in Paris.

Da ich in Europa nach 5 Jahren durch die vielen Werbe - kampagnen abfotografiert war, ging ich von 1967 bis 1970/71 nach NY und Chicago. In New York klapperte ich als erstes Model per Fahrrad Studio für Studio ab und konnte so pro Tag bis zu 30 Fotografen besuchen. Die New Yorker tauften mich auf den Namen „The crazy Berliner with the Bike", und der Erfolg ließ nicht lange auf sich warten.

Nach 3 Monaten war ich ein „A Class" Model und für meine Agentur „Steward Men" der Star. Nach einem Vorstellungsgespräch in Chicago für ein A Class Commercial für United Airlines gehe ich bald für 1 1/2 Jahre nach dort.

Hier lerne ich Hugh Hefner, Barry Goldwater, Sammy Davis jun. und den Bruder von Nat King Cole kennen, der als Barpianist im berühmten „Pump Room" auf der Near North Side spielte. Playboy engagiert mich für wochenlange Eigen - werbungen. Durch meine hübsche, reiche jüdische Freundin B.D., die mich anfangs „Stud of State Street" flachste, lerne ich die Chicagoer Gesellschaft kennen und war es, die mich zum „German Liebling" ernennt. Man muß wissen, das die Deutschen noch 1970 bei den amerikanischen Juden nicht sehr beliebt waren. Durch gravierende Probleme mit der Steuer, gelingt es mir im letzten Moment mit 100.000 Doller eine abenteuerliche Flucht über Detroit nach Toronto. Nach 2 monatiger Wartezeit in Montreal fliege ich über London nach Paris und gehe dann gegen den Rat meines Pariser Film Agenten zurück nach München. 1972 während 6 wöchiger Werbefilmaufnahmen in Israel verliebe ich mich in die berühmte Sängerin Jaffa Yarkony. Sie stellt mich bei einer Einladung in Jerusalem Golda Meir, Heim Herzog, Mosche Dajan und Maxie Griffel vor. Später besucht mich Jaffa in München. - 1972/73, gründe ich in einem kurz vor der Pleite stehenden Nobel Restaurant in Schwabing, den zu dieser Zeit wohl berühmtesten „Jour Fix" Münchens. 1975 bietet man mir daraufhin einen Job als Geschäftsführer im Grüntal an, dem schönsten Biergarten Münchens. Hier erfahre ich per Zufall, wer die Kreuther CSU Beschlüsse an den Spiegel verraten hat und teile es dem damaligen Generalsekretär G.Tandler mit. 1977 Eröffnung meiner eigenen, von mir als Innenarchitekt nach New Yorker Vorbild entworfenen eleganten Piano Bar, der Club 28, den ich nach 5 Jahren auf den Namen „Golfers Club" umtaufe. Die Bar wird schnell zum Prominenten Treff. Angefangen von Franz Josef Strauss, seinen Söhnen, seinem Anwalt Fritz Dan - necker, seinem Freund Jost Hurler, bis K.F. Flick, Mick und Muck Flick, dem Adel, wie Christa Preussen, Eddy Anhalt, Rena Ysenburg, Johannes Turn und Taxis, Graf Falk von Oeynhausen, Arndt von Bohlen Halbach, den Schaus- pielern Gerd Fröbe, Audrey Hepburn, Romy Schneider, Harald Leibniz, James Mason, A. Schwarzenegger, Yuri Geller, Fritz und Elmar Wepper, um nur einige zu nennen, den großen Münchner Gastwirten, allen voran Falk Volkart vom „Bayrischen Hof" und nicht zuletzt eine gesunde Mischung der Demi-Monde machten meine Piano Bar zum Treff des Sehens und gesehen werden. 10 Jahre lang herrliche Geschichten in Verbindung mit den aufgeführten Personen. Bei mehreren New York Reisen 1982/83 übernachte ich bei meinem Freund J. Springer im Trump Tower, der u.a. Trumps Penthaus mit eingerichtet hat. Zu einem Drink oben im Penthouse eingeladen lerne ich D. Trump und seine Frau als reizende Gastgeber kennen. Anlässlich dieses NY Besuches machte ich vormittags aus dem Restaurant „ Windows of the World" des World Trade Center, dieses einmalige Foto mit den Silhouetten des World Trade Center.

1986, dann der Verkauf meiner Piano Bar an den Chef

Barmann von E. Witzigmann. Während einer Golf-Reise auf die Kanaren lasse ich mich als „Timeshare Verkäufer" anheuern und gehe anschließend für eine englische Firma nach Madeira.

Hier erlebe ich 1989 im Fernsehen den Fall der Berliner Mauer, kündige sofort und gehe wie alle Glücksritter nach Berlin. Da die Ostdeutschen damals noch 1 Jahr auf eine Lesebrille warten mussten, fliege ich über Singapur nach Taiwan, kaufe 15.000 billig Lesebrillen incl. Etui, das

Stück für 2.04 Mark incl. Zoll und Luftfracht. Nach Inseraten in Ostzeitungen stelle ich 12 ehemaligen NVA Offizieren ein, die vor S-Bahn Stationen in Ost Berlin täglich im Schnitt 50 Brillen verkauften.

Da mir der Spatz in der Hand nicht genügte, schielte ich nach der Taube auf dem Dach. Es wird mir durch einen Food Broker, der in Moskau auf die Nase gefallen war, ein großes Exportgeschäft mit der Sowjetunion über 300.000 To tiefgefrorene Rinderviertel aus EG Beständen angeboten, Volumen 275 Mio Dollar. Durch meine neuen Ost-Kontakte, stellt mir ein hoher Stasi-Offizier einen KGB Mann vor, dem ich im Erfolgsfall 1 Mio. DM. biete. Es folgen mehrere Reisen nach St. Petersburg und Moskau. Da der Sowjetischen Regierung zu dieser Zeit kein Kredit mehr eingeräumt wurde, aber die KPDSU ihr gesamtes Parteivermögen schon in den Westen nach Paris auf eine Bank am Blv. Hausmann transferiert hatte, stand dem Deal nichts mehr im Wege, das Parteivermögen bürgte dafür. Nach einem Jahr, 1 Woche vor Unter - zeichnung des Vertrages in Berlin durch russische Regierungsbeamte und Direktoren der Außenhandels Bank und der dann fälligen ersten Tranche als Anzahlung bei einer Berliner Bank, wird Gorbatschow gestürzt. Die sowjetische Außenhandels Bank wurde aufgelöst und deren 12 Direktoren gefeuert, nichts ging mehr. - Später belieferten die Gebrüder März die damals hungernden Russen, enge Freunde von F.J.Strauss und Schalk

Golodkowski. Frustriert gehe ich zurück nach München. Zur Jahrtausendwende werde ich von meinem alten Freund R. Nufer aus Berliner Schultagen nach Paris eingeladen. Rolf N. war 25 Jahre der Geschäftsführer des berühmten „Vieux Berlin" gegenüber des Hotels Georges V., dem deutschen Marketing Vorzeige Objekt in Paris, das während meiner Pariser Zeit der Schauplatz unver - gessener Geschichten wurde. Bei dieser Einladung und einem Treffen mit alten französischen Freunden wird die Idee geboren, meine Geschichte aufzuschreiben.

Niemand hatte meine erfolgreichen Pariser Jahre verges - sen, die in der schwierigen Zeit der „Deutsch Fran - zösischen Aussöhnung", 1960/62 begannen. Damals, glaube ich, hatte man mit 28 Jahren genau das richtige Alter, um als junger Mann aus der europäischen Provinz, in Paris, der Stadt der Liebe, wieder von vorne anzufangen und Erfolg zu haben.

In den 50er und Anfang der 60er Jahren waren Berlin, München und Hamburg gegen Paris noch tiefste Provinz, heute hat sich das in jeder Hinsicht geändert, hauptsäch- lich durch die Lebensqualität und vor allem durch das so- ziale Bild auf den Strassen. Die Zeitreise in die Vergan- genheit lassen die wunderschönen Erinnerungen, wieder aufblitzen.

Die Original Serie, im „Paris Match" wurde Mitte der
60er mit mir gemacht und hieß „L'homme irrésistible"-
Der unwiderstehliche Mann. Diese Serie wurde in den
70er Jahren später von der Quick kopiert.

Aufgenommen zur Jahrtausendwende vom Balkon meines Freundes Rolf Dieter Nufer, als die Idee entstand, die alte Zeit wieder aufleben zu lassen.

Hierzu lade ich Sie Anfang 2019 in der Fortsetzung
meiner Biografie
„ German Liebling 2 " ein,
die ab 1954 bis zur Jahrtausendwende eine
außergewöhnliche und spannende Geschichte erzählt.
(www. german-liebling.de)

2017, mit meinem Freund Rolf Dieter Nufer, der 25 Jahre lang das Deutsche PR Vorzeige Objekt der Bundesregierung „Maison D'Allemagne" in der Ave. Georges V. in Paris führte .

160

Index

FSC
www.fsc.org
MIX
Papier | Fördert
gute Waldnutzung
FSC® C083411

Zeitfracht Medien GmbH
Ferdinand-Jühlke-Straße 7
99095 Erfurt, Deutschland
produktsicherheit@kolibri360.de